2

PRIMARIA Antología de textos

La extraña consulta de la doctora Leo

PixéPolis

Autora

Sagrario Pinto

Ilustradoras

Zuriñe Aguirre
Teresa Martí

EDELVIVES

El 0,7% de la venta de este libro se destina al proyecto «Mejora del acceso a la Educación Secundaria de calidad en Koumrá» que cofinancia la ONGD SED (Solidaridad, Educación, Desarrollo) como apoyo a procesos de desarrollo local en Chad.

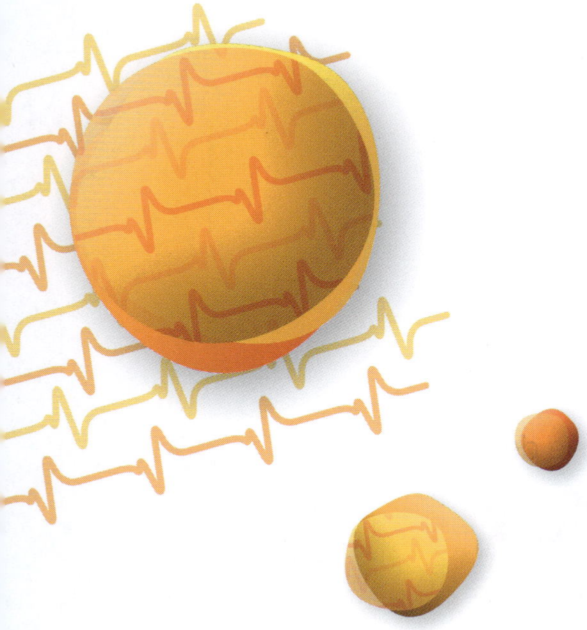

Índice

La doctora Leo en su consulta

1 La princesa aburrida

Al desayunar, poesía…
¡Hay que empezar
bien el día!
Después de comer,
teatro.
¡Para pasar
un buen rato!
Y, antes de dormir,
un cuento.
¡Y adiós al aburrimiento!
RECETA

Los cuentos

Enanos y gigantes,
princesas y mendigos,
animales que hablan
quieren ser tus amigos.

Viven en las palabras
del contador de cuentos
o en las páginas bellas
de los libros abiertos.

Si escuchas sus relatos
y te gusta leer
la magia de los cuentos
estará en ti también.

Ana María ROMERO YEBRA

Las hojas de otros libros

Las hojas de los libros
de la tortuga
son de lechuga.

Las hojas de los libros
de la cigarra,
hojas de parra.

Las hojas de los libros
del caracol,
hojas de col.

Del calamar,
algas de mar.

Del ermitaño,
de castaño.

De la lombriz,
de regaliz.

Antonio RUBIO

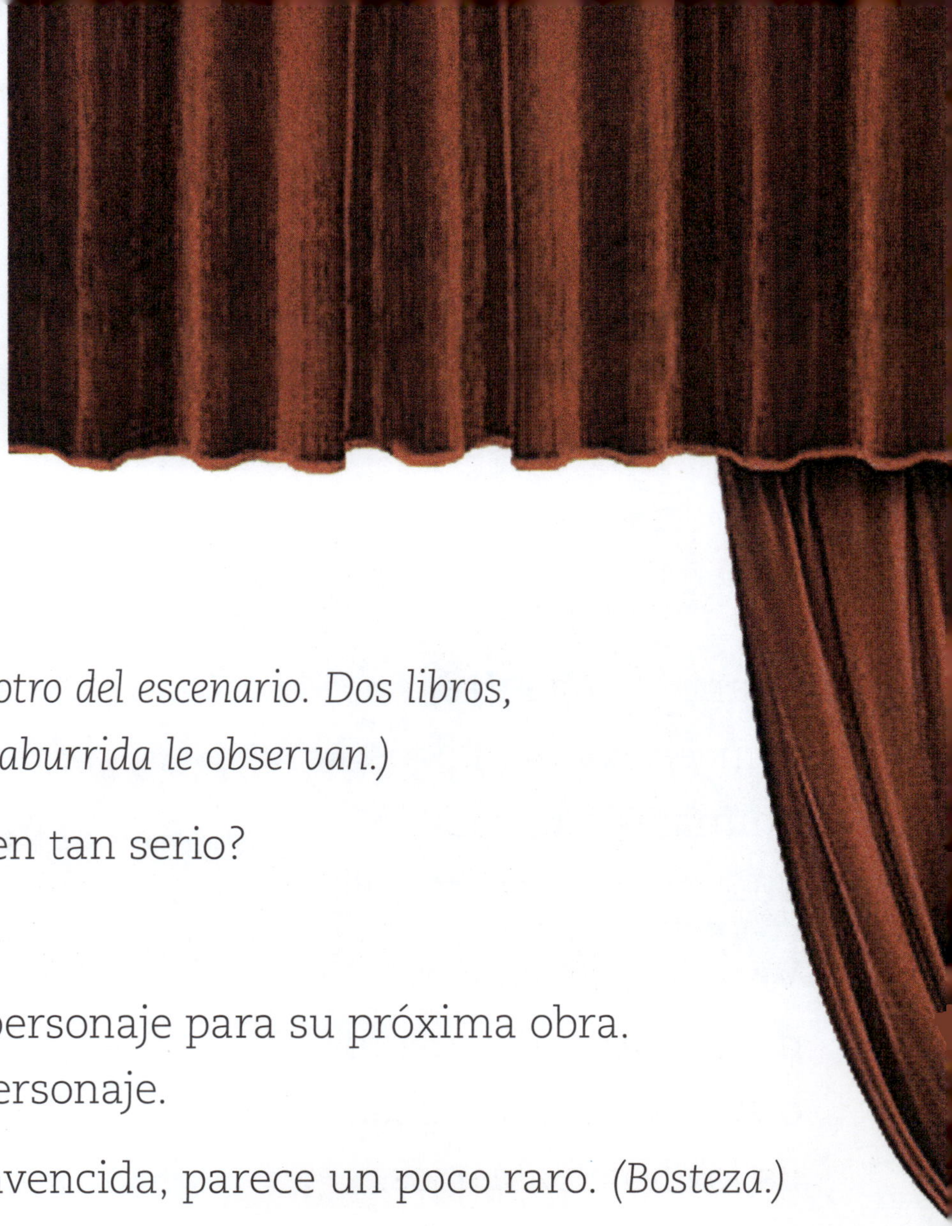

Princesa va al teatro

(El Escritor *pasea de un lado a otro del escenario. Dos libros,* Tomo i *y* Tomo ii, *y la* Princesa *aburrida le observan.)*

Princesa.—¿Quién es ese joven tan serio?

Tomo i.—Es un escritor.

Tomo ii.—Está buscando un personaje para su próxima obra. Tú puedes ser su personaje.

Princesa.—No estoy muy convencida, parece un poco raro. *(Bosteza.)*

(El Escritor *se da cuenta de su presencia.)*

Escritor.—¡Ya habéis vuelto! ¿Traéis el personaje que me prometisteis?

Tomo i y Tomo ii.—¡Aquí está! ¡Nuestra princesa!

Escritor.—¡Pero si las princesas ya no existen!

Princesa.—¿Entonces yo quién soy?

Escritor.—Una chica normal y corriente. Bastante feúcha, por cierto.

PRINCESA.—¡Eh, eh, eh! *(Se dirige a TOMO I y TOMO II.)* ¿Este papanatas es el que iba a curar mi aburrimiento? ¡Llevadme a mi casa!

ESCRITOR.—Tranquila, tranquila... ¡Vaya carácter! Pensándolo bien... podrías ser un personaje de mi próxima obra.

PRINCESA.—¡Estáis todos locos! ¡Yo no necesito ser ningún personaje! ¡Yo quiero irme a mi casa!

ESCRITOR.—*(A la PRINCESA.)* Puedes quedarte aquí todo el tiempo que quieras. Me viene bien hacer una pausa. Esto de pensar resulta muy cansado. Se me llena la cabeza de cosas y luego no sé qué hacer con todas ellas.

PRINCESA.—¡En eso no te pareces a mí! Dicen que tengo la cabeza vacía.

Escritor.—¿Quién lo dice?

Princesa.—¡Todos, todos lo dicen!

Escritor.—¡Será verdad! Pero eso tiene fácil solución. Pensaré las cosas que sobran en mi cabeza, a lo mejor te las puedo regalar. *(Pensativo.)* Tengo en mi cabeza un buque fantasma, una isla desierta, una bicicleta, un perro pastor...

Princesa.—*(Al público.)* ¡Qué cosas más raras tiene este en la cabeza! Prefiero tenerla vacía. Bueno... ¡me quedaría con la bici y el perro!

(Aparecen en escena un Perro y una Bicicleta.)

Perro.—¿Nos llamabas, princesa?

Bicicleta.—¿Alguien ha pedido una bici?

Princesa.—¡Oh, no! ¡Debo de estar soñando!

Escritor.—¡Qué peso me he quitado de encima! Ahora ya tengo las ideas más claras.

Sagrario Pinto

La niña y el libro

Sí, sí, el libro estaba tosiendo, y al hacerlo se movía como una persona, solo que él encogía un poco las páginas. Margarita no se lo podía creer.

—¡Cuánto polvo hay aquí! —dijo.

—¿Cómo? ¿Cómo dice? —preguntó Margarita con más miedo que nunca.

—Digo que hay mucho polvo: nunca había visto mis hojas así. ¡Cuánto descuido hay en este palacio! —protestó el libro con una voz preciosa pero algo enfadada.

—Esto no es un palacio, es mi casa, y tú estás en el trastero, por eso hay polvo.

—¿Cómo? ¿En el trastero? ¿Qué hago yo en un lugar como este? Aunque la verdad es que he estado en lugares peores.

—No te preocupes, si quieres yo te sacudiré el polvo y te llevaré a la biblioteca.

—¡Nada de eso! ¿Crees que puedo estar junto a otros libros? De ninguna manera… Ejem, pero creo que debo presentarme: soy Al Broli, el libro mágico. ¿Y tú cómo te llamas?

—Margarita.

—¿Margarita? No sabía que las flores hablaban —dijo Al Broli con ironía, y la niña, que no era nada tonta, le contestó:

—Ni yo que los libros tosieran y se presentaran.

—Bueno, tienes razón. Ya te he dicho que soy mágico, no soy un libro corriente de esos que se leen. A mí no me ha leído nadie. Y tú… pareces una margarita sin deshojar.

Juan Malpartida

La lectura todo lo cura

1 En esta sopa de letras se han escondido cuatro personajes de cuento. Localízalos, rodéalos y copia sus nombres.

A	P	I	C	H	O	U	Y	T
C	D	E	N	A	N	I	T	O
H	U	Z	M	D	I	N	R	A
B	R	U	J	A	L	C	T	B
Z	C	G	O	M	X	B	E	R
P	R	I	N	C	I	P	E	Y

2 Vuelve a leer **Las hojas de otros libros** y une cada animal con su libro.

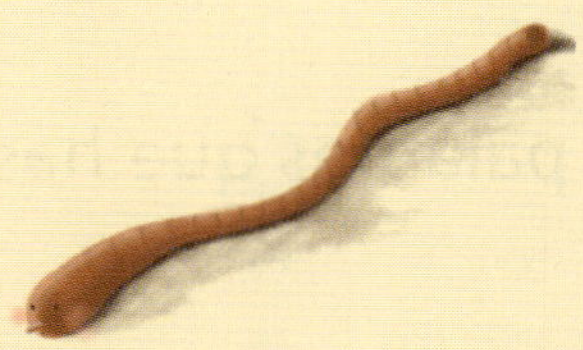

hojas de regaliz

hojas de lechuga

hojas de parra

algas de mar

3 Colorea lo que tiene en la cabeza el escritor de **Princesa va al teatro**.

4 A veces los libros se esconden en los trasteros. También algunas palabras se pueden esconder dentro de otras. Busca en estas palabras otras que se han escondido.

camiseta mariposa bocadillo

paloma loro roca

5 Copia y dibuja las palabras que has descubierto.

2 El bombero miedoso

Al desayunar, poesía… para tener valentía.
Después de comer, la prensa, con una noticia fresca.
Y, antes de dormir, un cuento… de un oficio muy antiguo, pero también muy moderno.
receta

Ronda del zapatero

Tipi tape, tipi tape,
tipi tape, tipitón,
tipi tape, zapa, zapa,
zapatero remendón.

Tipi tape, todo el día,
todo el año tipitón;
tipi tape, macha, macha,
machacando en tu rincón.

Tipi tape, en tu banqueta,
Tipi tape, tipitón,
tipitón con tu martillo,
macha, macha, machacón.

¡Ay tus suelas!, zapa, zapa,
zapatero remendón;
¡ay tus suelas!, tipi tape,
duran menos que el cartón.

Tipi tape, tipi tape,
tipi tape, tipitón…

Germán Berdiales

Cada oveja con su pareja

Del pescador es la caña;
las ollas, del cocinero;
del leñador es el hacha,
y la manga, del bombero.

Del albañil, la paleta;
la escoba, del barrendero;
la brocha, para el pintor,
y el pico, para el minero.

Del hortelano, la azada;
la sierra, del carpintero;
del fontanero es la llave,
y la pala, del pocero.

Del jardinero, el rastrillo;
la **lezna,** del zapatero;
la hoz, para el segador,
y el yunque, para el herrero.

Cada oveja, su pareja;
cada herramienta, su obrero.
Y para el que está leyendo,
un libro y un lapicero.

Carlos Reviejo

lezna: punzón que utilizan los zapateros.

Un perro condecorado por su valentía

ALASKA, ESTADOS UNIDOS (30 de abril de 2010). **De nuestro corresponsal**. Buddy, un perro pastor alemán, ha sido condecorado como un héroe en Alaska por haber conseguido guiar a los bomberos hasta la casa de su dueño, en la que se había producido un incendio.

Buddy saboreando su rico premio.

El dueño, **que resultó** herido durante el fuego, pudo llamar a la policía. La policía avisó a los bomberos, pero estos no lograban encontrar la casa. De repente, apareció Buddy y los guio.

El jefe de la policía, en una emotiva ceremonia, entregó al perro un cuenco de acero con una inscripción reconociendo su hazaña. También le premió con un sabroso hueso.

Diseñadora de hora en hora

En tiempos de las cosas que parecían casas, nació en el hueco de un melocotón una **tijereta**.

Y tan pronto como encontró pequeña su casita, dijo para sí:

—¡Dejaré este agujero profundo
y me iré de excursión por el mundo!

Efectivamente, al día siguiente, muy de mañana, asomó su hociquito y contempló por primera vez, en el espejo de una gota de rocío, su traje de barniz.

tijereta: insecto alargado, de color negro y cabeza rojiza, con el cuerpo terminado en una especie de tijeras.

Viendo entonces las bonitas tijeras que tenía por cola, exclamó:

—¡Quiero ser diseñadora
para cortar vestidos de hora en hora!

Y, mirando hacia el sol que relucía al amanecer,
comentó emocionada:

—Con un rayo de luz
de ese canto rodado
bordaría yo sedas y **brocados**.

Una avispa que estaba vigilando cada uno de sus movimientos,
sin que nadie supiese por qué, empezó a burlarse de ella:

brocados: telas de seda bordadas con hilo de oro y plata.

—¡Tijereta, tijeretada,
ni corta, ni cose,
ni borda, ni nada!

¡Tijereta, tijeretucha,
que no tiene guante,
jersey, ni capucha!

¡Cortapicos, tijeretón,
sin tela, sin hilo,
mantel, ni mantón!

La joven tijereta se sorprendió de tales **mofas**; pero pensó que quizás el oficio de la avispa fuese inventar canciones burlescas y por eso la disculpó.

Xoán Babarro

mofas: burlas.

La lectura todo lo cura

Con este preparado de la doctora Leo nunca tendrás miedo.

1 Al bombero le daba miedo el fuego. ¿Hay algún oficio que te parezca peligroso? Si es así, di cuál y explica por qué.

2 ¿Qué te gustaría ser de mayor? Dibújate en tu oficio preferido y escribe el nombre.

Me gustaría ser ____.

3 En cada columna se ha colado una palabra que no debería estar. Localízala y rodéala.

mecánico	carpintera	bombero
destornillador	clavo	manguera
llave inglesa	martillo	brocha
rueda	aguja	escalera
cemento	sierra	extintor

4 Escribe dentro de cada recuadro una **V**, si la afirmación es verdadera, o una **F**, si es falsa.

- Buddy es un perro pastor alemán. ☐
- El perro ha provocado un incendio. ☐
- Un policía ha salvado a Buddy. ☐
- Buddy ha guiado a los bomberos. ☐
- El perro ha recibido un premio. ☐

5 ¿Dónde está la tienda de moda «Berta»? Colorea el camino que pasa por cada uno de los oficios relacionados con las prendas de vestir y lo sabrás. Escribe el nombre de la tienda donde corresponda.

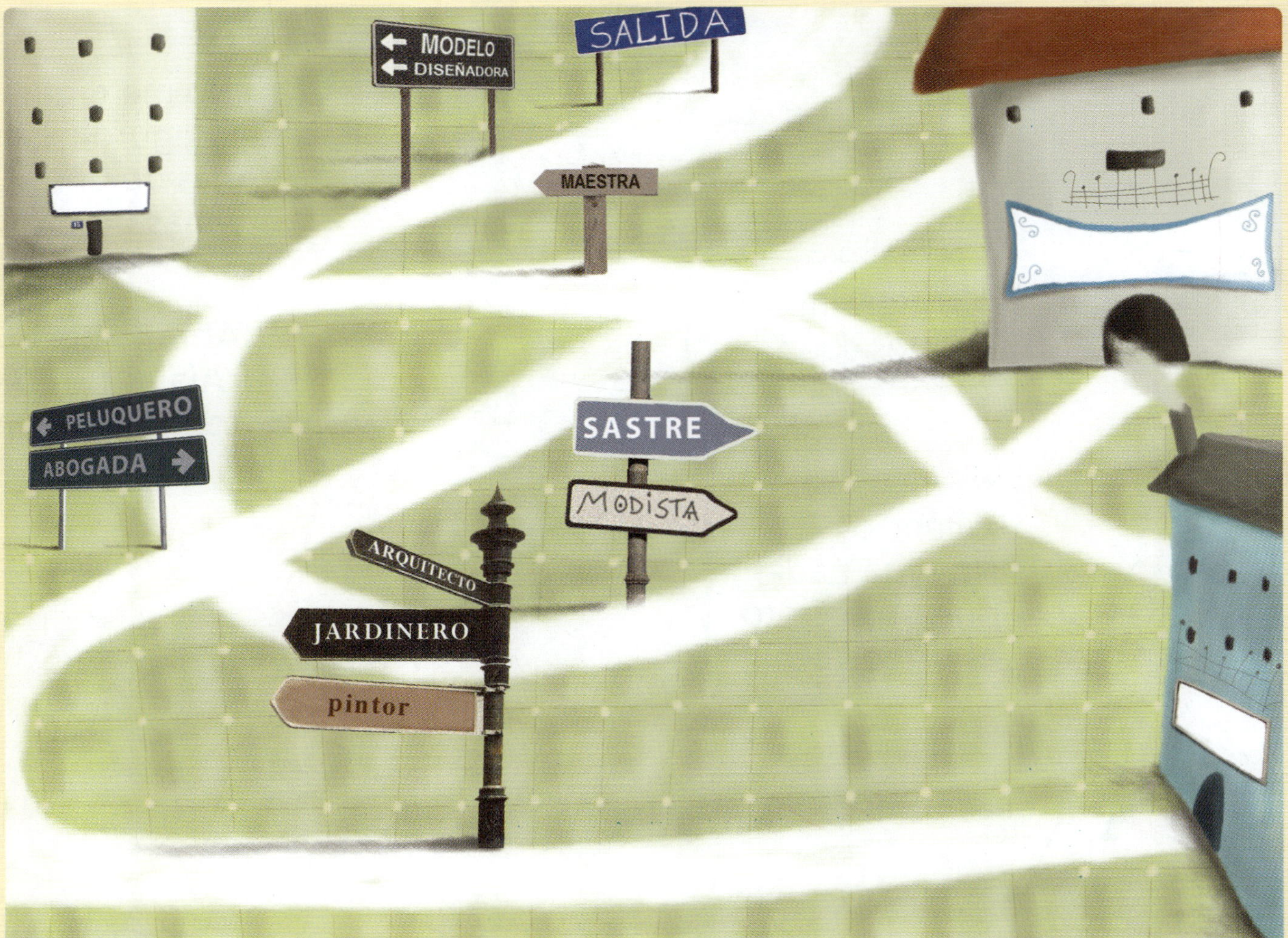

3 El duende cotilla

Al desayunar, palabras
para comenzar los cuentos.
Y las palabras finales
con que acaban muchos de ellos.
Después de comer,
observe
las costumbres
de otros duendes.
Y, antes de dormir, pongamos…
una leyenda de hadas.
¡Ellas guardan sus secretos
escondidos en las alas!
RECETA

Píldoras para el principio

Érase una vez...
Había una vez...

En los tiempos de Maricastaña...

Cuentan que en un país muy lejano...

Hace muchísimos años...

Hace ya mucho tiempo,
cuando los animales hablaban...

Érase una vez
y mentira no es...

Érase que se era...

El cuento que os voy a contar
ocurrió hace mucho tiempo.

Si queréis que os lo cuente,
tenéis que estar muy atentos.

Populares

Píldoras para el final

Fueron felices
y comieron perdices.
Y a nosotros nos dieron
con el plato en las narices.

Y aquí acaba el cuento
con sal y pimiento.

¡Y todos contentos!

Y, colorín colorado,
este cuento se ha acabado.

Y, como dice don Pepín,
este cuento llegó a su fin.

Este cuento ha terminado.
¡Aplaude si te ha gustado!

Fueron felices
y comieron perdices.

Y a mí no me dieron
porque no quisieron.

Y, colorín colorete,
por la chimenea salió un cohete.

Y aquí se acaba este cuento;
como me lo contaron te lo cuento.

Populares

Los duendes

Todo el mundo sabe que hay duendes, y todo el mundo ha oído hablar seguramente alguna vez de un Duende Amarillo, de un Duende Verde o de un Duende Rojo. Son bastantes las personas que aseguran que en cierta ocasión vieron, o creyeron ver, a algunos de estos duendes.

Lo que ya es más difícil de encontrar es un duende de dos colores. Y todos sabemos que no hay duendes a rayas.

Bueno, pues esta es, precisamente, la historia de un duende a rayas.

Era un duende como todos los demás duendes: pequeño de estatura, más bien gordito, ágil e inquieto, curioso y preguntón, tierno y arisco, descarado y goloso... En fin, un duende como cualquier otro; excepto, claro está, que no se vestía de un solo color, ni siquiera de dos, sino de muchos y a rayas. Y, naturalmente, su nombre era Rayas.

Y Rayas, como todos los duendes, disfrutaba haciendo disparates e inventando mil fechorías para complicarles la vida a los demás. Y no es que Rayas tuviera mala idea o fuera un ser perverso, no. Es que, como todos los duendes, necesitaba hacer picardías para llamar la atención y recordar continuamente a las gentes que los duendes existen.

María Puncel

El anillo de las hadas

Si alguna vez salís a pasear por el bosque y os encontráis con un círculo de hierba bordeado de setas, tened mucho cuidado.

Aunque vosotros no la podáis ver, puede que sobre alguna de esas setas se haya quedado dormida un hada.

Cuenta una antigua leyenda inglesa que en las noches de luna llena las hadas utilizan estos lugares como si fuesen escenarios. Las hadas más pequeñas se sientan sobre las setas y contemplan a otras hadas que bailan en el interior del anillo moviendo sus vaporosos vestidos al son de las gaitas.

Quienes han podido ver a las hadas dicen que nunca contemplaron un espectáculo de tanta belleza. Pero verlas también tiene sus riesgos. Puedes ser atraído por la música hacia el interior del anillo y quedar atrapado dentro. Entonces perderás la conciencia del tiempo y te parecerá que has estado allí apenas unos minutos, cuando en realidad habrán pasado siete años. Solo hay una forma de poder escapar: que otra persona tire de ti metiendo un pie dentro del círculo mientras mantiene el otro fuera.

¡Toma tus precauciones cuando vayas al bosque!

POPULAR INGLÉS

La lectura todo lo cura

1 Elige un principio y un final de cuento para completar este texto.

__________________ una joven que trabajaba en el campo de sol a sol. Un día, mientras removía la tierra para sembrar, descubrió un cofre lleno de monedas de oro. Lo había escondido un mago para que lo encontrase una persona buena y generosa.

La joven decidió compartir su tesoro con los otros campesinos y __________________

____

____

____

2 Marca los títulos de los cuentos en los que aparece un hada.

- [ ] Caperucita.
- [ ] La Cenicienta.
- [ ] La Bella Durmiente.
- [ ] Los tres cerditos.

3 Fíjate bien: entre estos dibujos de duendes hay uno que en realidad no lo es. Es un niño disfrazado. Localízalo y coloréalo.

- Explica por qué crees que no es un duende.

____

____

____

4 Observa el dibujo y completa la descripción del hada.

simpática morena joven anciana agradable gruñona pelirroja

El hada es ______________________________

____

____

y ______________________________________.

4 Una joven muy habladora

Al desayunar, tome cinco trabalenguas. Le vendrán de maravilla para controlar la lengua.
Después de comer, teatro. En vez de hablar por hablar, escuche a los Reyes Magos.
Y, antes de dormir, el cuento de un cartero muy atento.
receta

Para ejercitar la lengua

Luengas lenguas hacen falta
para no trabalenguarse.
El que no tenga una lengua luenga
bien podrá desesperarse.

La institutriz *miss* Trestrós
ha pegado un gran traspiés,
por subir al treinta y dos
en lugar de al treinta y tres.

Un burro comía berros
y el perro se los robó.
El burro lanzó un rebuzno
y el perro al barro cayó.

En el juncal de Junqueira
juntaba juncos Julián.
Juntose Juan a juntarlos
y juntos juntaron más.

El cielo está enladrillado,
¿quién lo desenladrillará?
¡El desenladrillador
que lo desenladrille
buen desenladrillador será!

POPULARES

luengas: largas.

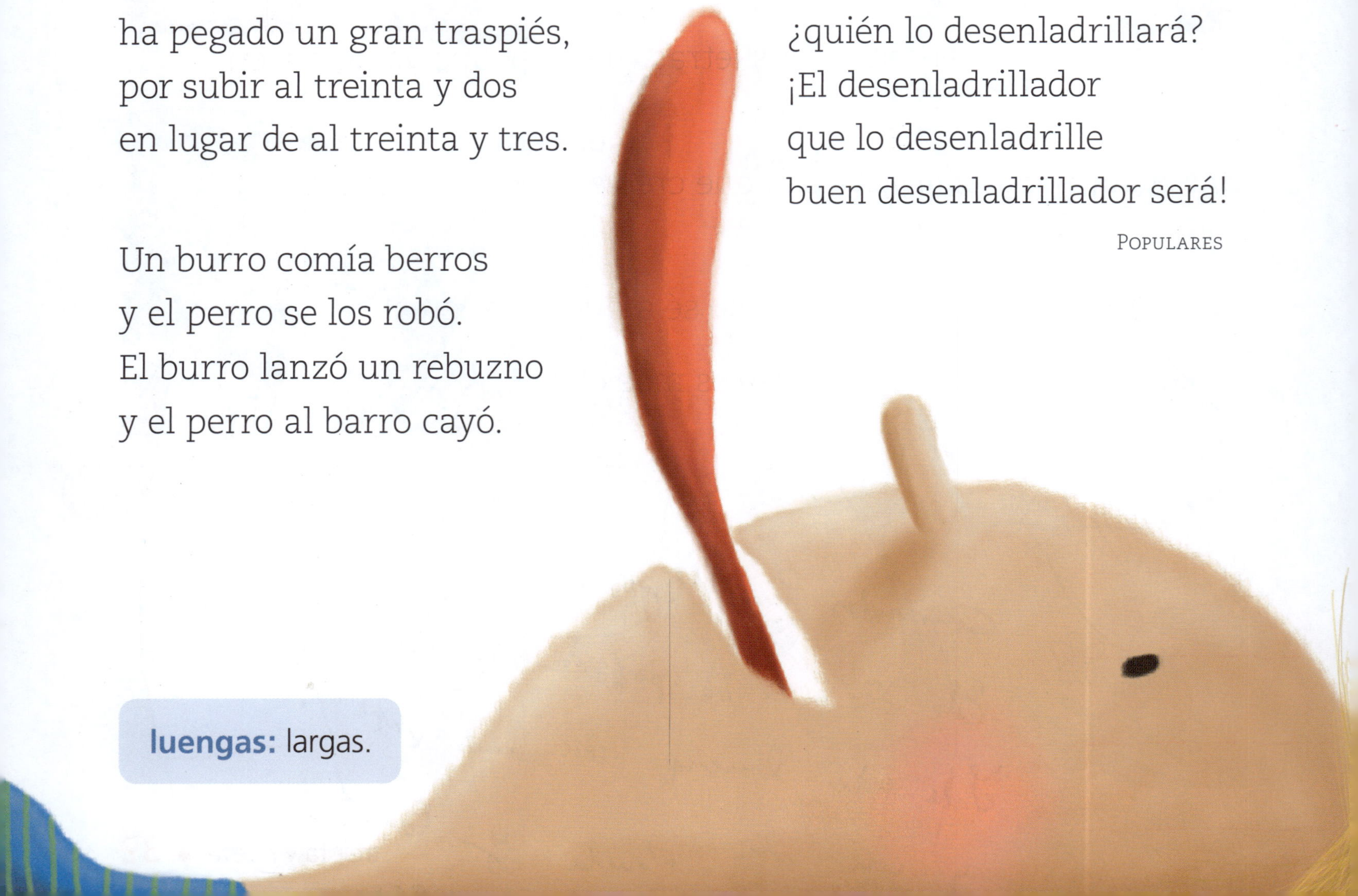

El ordenador

Escena 1

(Aparecen en escena los Reyes Magos. *Están leyendo cartas.)*

Melchor.—Tengo que hacerme unas gafas nuevas. Cada vez me cuesta más trabajo leer las cartas que nos envían los niños.

Gaspar.—Y a mí, entender sus letras. ¿Pero es que ya no hacen caligrafía?

Baltasar.—*(Suspirando.)* Yo lo que creo es que deberíamos modernizarnos.

Melchor.—¿Modernizarnos? ¡No sé a qué te refieres!

Gaspar.—¡Ni yo! ¡Como no hables más claro...!

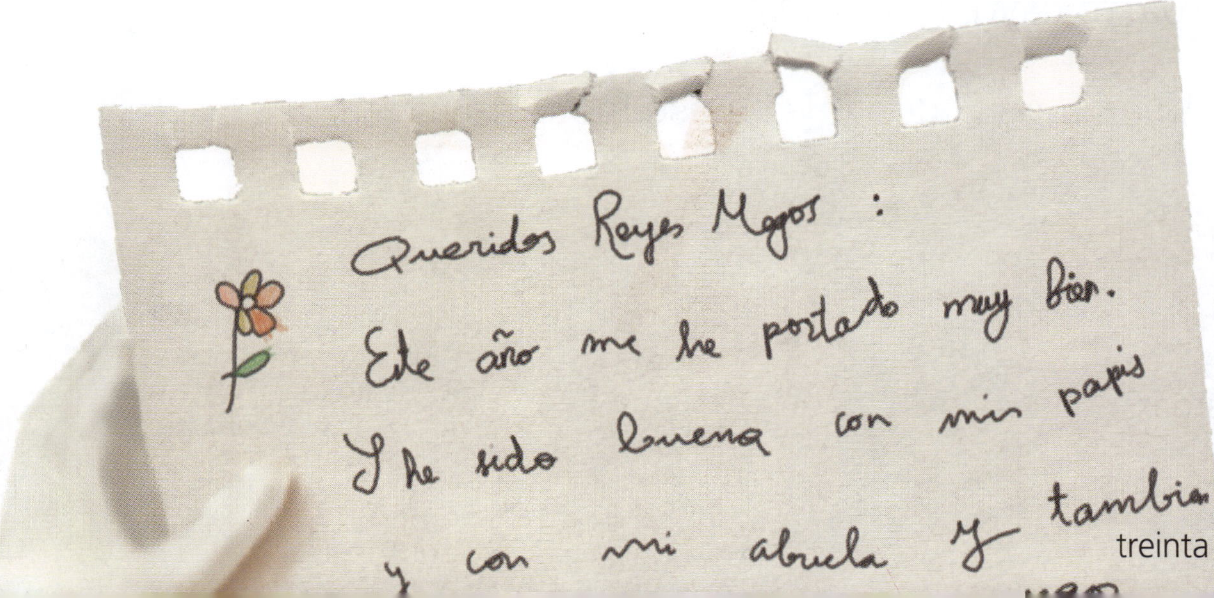

BALTASAR.—Pues es muy fácil. He oído decir que existen unos aparatos, a los que llaman ordenadores, con los que las cartas te llegan al instante. Y, para leerlas, tú puedes elegir el tipo de letra que quieras.

MELCHOR.—¡Oh! ¡Qué invento!

GASPAR.—¿Y cómo podríamos conseguir uno de esos aparatos, uno de esos... or-de-na-do-res?

BALTASAR.—Utilizando la magia, naturalmente. Ya he pensado en ello. Creo que se lo podríamos pedir a mi prima, la maga Baltasara. Me debe algunos favores.

MELCHOR y GASPAR.—¡Estupendo!

Escena 2

(Los REYES pasean impacientes. En un rincón hay un montón de cartas; en otro, un montón de juguetes. Llaman a la puerta.)

BALTASAR.—¡Yo abro!

(Abre la puerta y entra un JOVEN vestido con un mono de trabajo.)

MELCHOR.—A ver, a ver, ¿dónde está ese fabuloso aparato?

JOVEN.—¿Aparato? ¿Qué aparato?

LOS TRES REYES.—¡El ordenador!

JOVEN.—Aquí me tienen, Evaristo Listo, el mejor ordenador del mundo. Al momento les ordenaré todo lo que me pidan: ordeno las cartas, ordeno los libros, ordeno los armarios... Hasta puedo ordenar ese montón de juguetes que tienen ahí.

BALTASAR.—*(A los otros Reyes.)* Sé lo que me vais a decir...

MELCHOR y GASPAR.—¡Tu prima se ha vuelto a equivocar!

Sagrario PINTO

¡Quién fuera carta!

Cuando Emiliano soñaba, pasaban por su mente montones de lugares: bosques nevados, ríos impresionantes, ciudades maravillosas, mares de coral…

—¡Quién fuera carta para marcharse a… a…! —volvía a suspirar.

Había días que Mercedes, la vendedora del quiosco de prensa, no tenía revistas de viajes y Emiliano tenía que conformarse con algún periódico. Los periódicos le hacían poca gracia.

—¿Qué lees hoy, cartero? —le saludaba la bruja Nacarina.

Emiliano movía la cabeza contrariado.

—¡Qué mundo este! —comentaba con mal humor.

—¿Qué le pasa al mundo?

—¡Quién fuera carta para marcharse a… a…!
—suspiró una vez más el cartero.

—¿Adónde te marcharías? —le preguntó la bruja.

—No estoy seguro —respondió Emiliano—. Tal vez a los bosques nevados o a los ríos impresionantes, o a las ciudades maravillosas, o quizás a los mares de coral.

De repente, Emiliano se puso muy serio. Se quedó mirando fijamente a la bruja y le preguntó de sopetón:

—Nacarina, ¿tú podrías convertirme en carta?

—¿En carta?

—Sí, en una carta que se echa en un buzón y viaja de un lugar a otro.

—¡Ah, eso! —rio Nacarina—. Pues claro que podría. Es facilísimo. Entiéndeme, es facilísimo para una bruja como yo.

Alfredo Gómez Cerdá

La lectura todo lo cura

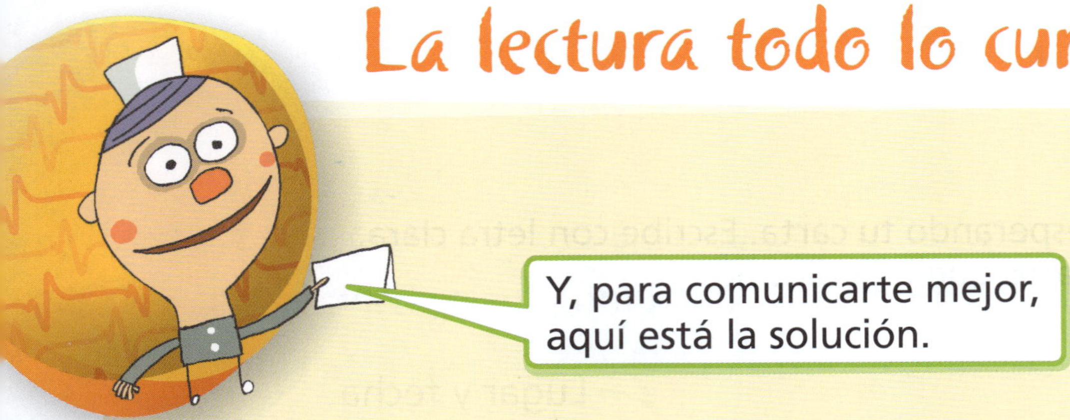

1 A Tristán se le traba la lengua con estas palabras. Copia cada palabra en su lugar.

trigo | triste | tigres

Tres tristes ____________ comían ____________ en un ____________ trigal.

2 El teléfono es un medio de comunicación más rápido que la carta. Ordena las viñetas de esta conversación y numéralas.

3 Los Reyes Magos están esperando tu carta. Escribe con letra clara. Y no olvides poner los datos que te indicamos.

Lugar y fecha

____

Queridos Reyes Magos:

Qué les decimos

____

____

____

____

____

____

____

Despedida

Firma

5 La inventora y sus inventos

Al desayunar, refranes: tres ideas geniales.
Después de comer, el mito de un inventor atrevido.
Y, antes de dormir, el cuento de los molinos de viento.
receta

Una cucharadita de buenas ideas

Quien hace un cesto, hace ciento

Si hemos sido capaces de llevar a cabo algo una vez, podemos volver a hacerlo. Es un refrán muy apropiado para situaciones como la que vive la inventora que aparece en esta unidad.

Al mal tiempo, buena cara

Antiguamente, la agricultura era muy importante en la economía, y el mal tiempo podía arruinar las cosechas. Este refrán nos aconseja que no nos rindamos ante las dificultades y que las afrontemos con confianza y alegría: con «buena cara».

Aprendiz de mucho, maestro de nada

Las personas que andan ocupadas en muchas actividades al mismo tiempo no pueden realizar bien ninguna de ellas. Es mejor centrarse en unas pocas tareas y aprender a hacerlas con maestría.

POPULARES

Dédalo e Ícaro

Hace muchísimos años, en la isla de **Creta,** vivía un arquitecto e inventor llamado Dédalo. Pasaba sus días ideando todo tipo de aparatos. Su fama llegó a los oídos de Minos, el rey de la isla, quien le encargó la construcción de un complicado laberinto. Quería encerrar en él a Minotauro, su hijo, del que se avergonzaba porque era mitad hombre y mitad toro.

Dédalo, ayudado por su hijo Ícaro, realizó el encargo. Pero cuando el laberinto estuvo construido, Minos tuvo miedo de que pudiesen contar su secreto y los mandó encerrar en una torre.

Padre e hijo lograron escapar de su prisión y Dédalo empezó a pensar de qué forma podrían abandonar Creta, ya que el rey vigilaba todos los barcos que salían de la isla.

Creta: isla de Grecia.

Dédalo, que estaba acostumbrado
a encontrar una solución para cada problema,
decidió que escaparían de la isla volando.

Durante días, se dedicaron a recoger todas las plumas de pájaro que encontraban. Las unieron con cera de abeja y construyeron con ellas un par de alas para cada uno.

Antes de iniciar el vuelo, Dédalo aconsejó a Ícaro que no volase demasiado alto porque el calor del sol podría derretir la cera de sus alas.

Pero a Ícaro le pareció tan hermoso poder volar como los pájaros, que pronto se olvidó de los consejos de su padre. Voló cada vez más y más alto, y llegó tan cerca del sol que la cera de las alas comenzó a derretirse, las plumas se despegaron y el joven cayó al mar.

POPULAR GRIEGO

La aventura de los molinos de viento

Don Quijote y Sancho cabalgaban por el campo cuando descubrieron treinta o cuarenta molinos de viento. Don Quijote le dijo a su escudero:

—Estamos teniendo mucha suerte, amigo Sancho, porque allí veo más de treinta malvados gigantes con los que pienso entrar en batalla y quitarles a todos la vida, para que no quede ninguno sobre la tierra.

—¿Qué gigantes? —dijo Sancho Panza.

—Aquellos que allí ves —respondió su amo—, con los brazos tan largos que algunos de ellos miden casi dos **leguas.**

—Mire **vuestra merced** —dijo Sancho— que aquellos no son gigantes, sino molinos de viento. Y lo que en ellos parecen brazos son las aspas, que, movidas por el viento, hacen girar la piedra del molino.

leguas: sirven para medir distancias largas.
vuestra merced: usted.

—Ya se ve —respondió don Quijote— que sabes muy poco de aventuras: ¡son gigantes! Y, si tienes miedo, quítate de ahí, que yo voy a pelear con ellos en fiera y desigual batalla.

Y, diciendo esto, el caballero comenzó a galopar sobre Rocinante sin hacer caso de las voces de su escudero Sancho, advirtiéndole que aquellos a los que iba a atacar no eran gigantes sino molinos.

Pero don Quijote estaba tan convencido de que eran gigantes que no oía las voces de Sancho y, mientras avanzaba hacia los molinos, iba diciendo a gritos:

—¡No huyáis, cobardes criaturas, que un solo caballero es el que os ataca!

encomendarse: pedir la protección de alguien.

En ese instante se levantó un poco de viento y las grandes aspas comenzaron a moverse. Don Quijote exclamó:

—¡Aunque mováis más brazos que los del gigante Briareo, me las vais a pagar!

Tras **encomendarse** a su señora Dulcinea del Toboso, don Quijote se protegió con su escudo y, empuñando su lanza, corrió a galope contra el primer molino que encontró. Dio un golpe tan fuerte contra el aspa, que la lanza quedó destrozada, y caballo y caballero cayeron rodando por el suelo.

Sancho Panza acudió a socorrer a su amo y cuando llegó se encontró con que don Quijote no podía ni moverse.

—¡Válgame Dios! —dijo Sancho—. ¿No le dije yo a vuestra merced que mirase bien lo que hacía, que eran molinos de viento?

Miguel de Cervantes

La lectura todo lo cura

1 **¿Sabes qué quiere decir este refrán? Lee las tres oraciones y copia la respuesta correcta.**

Quien a buen árbol se arrima, buena sombra le cobija.

- Que en verano las sombras de los árboles son más grandes.
- Que conviene rodearse de buenas personas porque su influencia nos beneficiará.
- Que quien se sienta bajo un árbol no pasa calor.

2 **Dédalo inventó unas alas para poder volar. Conviértete tú en inventor: dibuja un objeto, ponle un nombre y explica para qué sirve.**

3 Resuelve el crucigrama y podrás leer los nombres de cinco inventos.

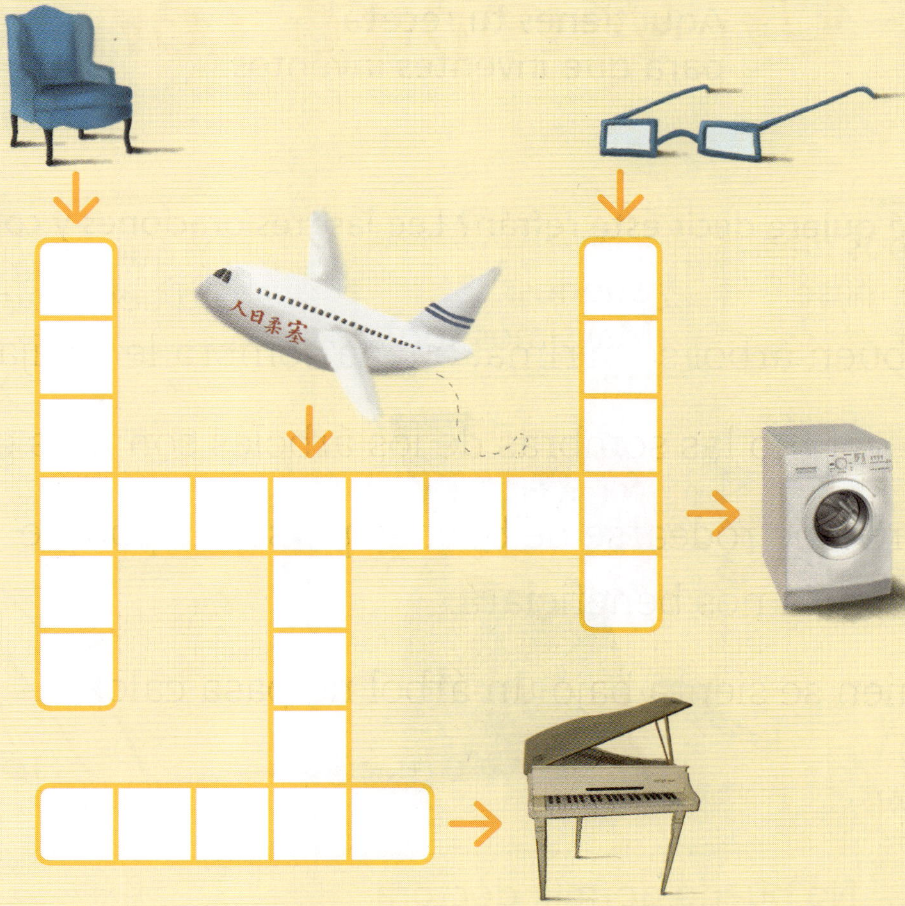

4 Las personas siempre hemos inventado objetos y máquinas que nos facilitan el trabajo. Rodea el objeto más antiguo y colorea el más moderno.

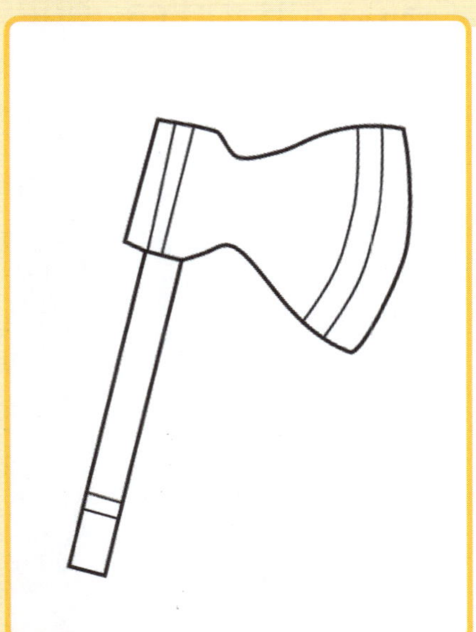

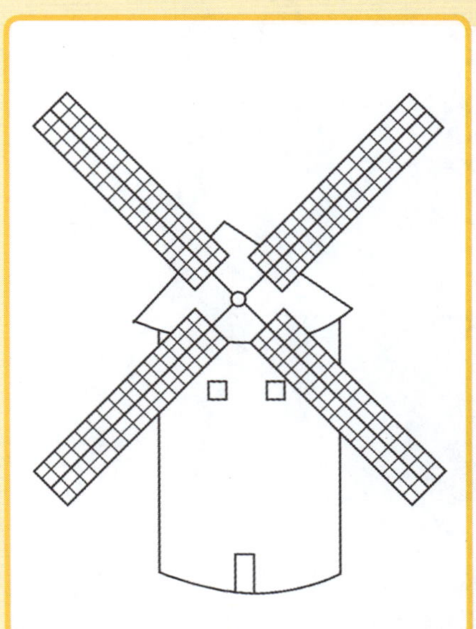

6 Un vampiro con sueño

Al desayunar, pongamos unas canciones de miedo.
Después de comer, teatro: una historia en un museo con sustos, momias y gatos.
Y, antes de dormir… ¡un cuento! El de una bruja malvada y unos hermanos muy… tiernos.
RECETA

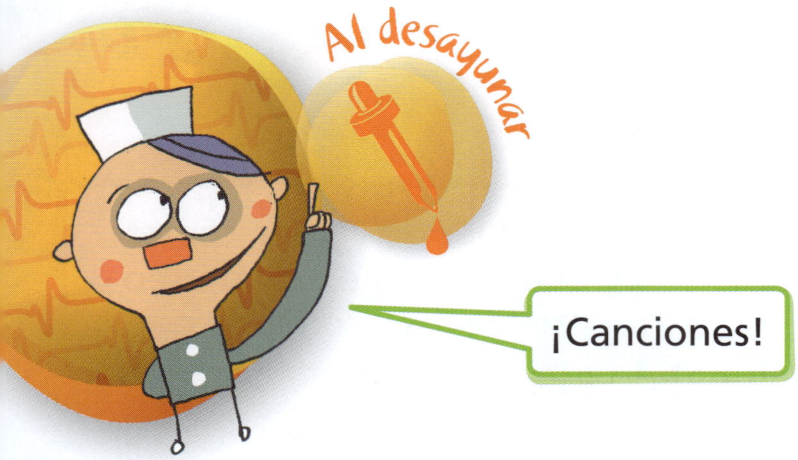

Los esqueletos

Entre las ruinas de un monasterio
se ven las tumbas de un cementerio.
Tumbas por aquí, tumbas por allá,
tum-bas, tum-bas, ja, ja, ja, ja, ja.

Cuando el reloj marca la una
los esqueletos salen de su tumba.
Tumbas por aquí, tumbas por allá,
tum-bas, tum-bas, ja, ja, ja, ja, ja.

Cuando el reloj marca las dos
los esqueletos comen arroz.
Tumbas por aquí, tumbas por allá,
tum-bas, tum-bas, ja, ja, ja, ja, ja.

Cuando el reloj marca las tres
los esqueletos toman café.
Tumbas por aquí,
tumbas por allá,
tum-bas, tum-bas, ja, ja, ja, ja, ja.

Cuando el reloj marca las cuatro
los esqueletos se ponen los zapatos.
Tumbas por aquí, tumbas por allá,
tum-bas, tum-bas, ja, ja, ja, ja, ja.

Cuando el reloj marca las cinco
los esqueletos pegan un brinco.
Tumbas por aquí,
tumbas por allá,
tum-bas, tum-bas, ja, ja, ja, ja, ja.

Popular

Jugando al escondite

Jugando al escondite
en el bosque anocheció.
Jugando al escondite
en el bosque anocheció.
El cuco cantando
el miedo nos quitó.
Cucú, cucú, cucú.

—Lobo, ¿estás ahí?
—Sí, sí, aquí estoy.
Me estoy poniendo
los pantalones.

Jugando al escondite
en el bosque anocheció.
Jugando al escondite
en el bosque anocheció.
El cuco cantando
el miedo nos quitó.
Cucú, cucú, cucú.

—Lobo, ¿estás ahí?
—Sí, sí, aquí estoy.
Me estoy poniendo
la camiseta.

Jugando al escondite
en el bosque anocheció.
Jugando al escondite
en el bosque anocheció.
El cuco cantando
el miedo nos quitó.
Cucú, cucú, cucú.

—Lobo, ¿estás ahí?
—Sí, sí, aquí estoy.
¡Aquí estoy!
Y… ¡a comeros voy!

POPULAR

Momias

(La escena transcurre de noche en la sala de un museo. Hay tres momias, una de ellas está escribiendo sentada en el suelo con las piernas cruzadas. Al fondo se ven tres gatos negros.)

Nevercity.—Soy una momia mal momificada. ¿Quién me momificaría? El momificador que me momificase mal momificador sería.

Yamesé II.—¡Calla, Nevercity! ¡Ya me sé esa canción! ¡Es la canción de todas las noches! ¿Es que nunca podremos descansar en paz?

(Nevercity se levanta y se dirige hacia donde está Yamesé II.)

Nevercity.—¿Te importaría rascarme las vendas? ¡No puedo soportar estos picores! ¡Tengo la piel que parece cuero! Si por lo menos los ladrones me hubiesen dejado el aceite de almendras...

*(*YAMESÉ *II se incorpora y rasca a* NEVERCITY*.* NEVERCITY *se dirige al* **escriba** AMENAMÉN*.)*

NEVERCITY.—¿Has anotado todo lo que se llevaron?

AMENAMÉN.—Sí, mi señora: quince frascos de aceite de almendra, cinco de perfume de rosa, ocho de aceite de coco...

NEVERCITY.—¡Qué barbaridad! ¡No puedo soportarlo!

AMENAMÉN.—... Dos cestas de dátiles, tres canastas de frutos secos...

NEVERCITY.—¡No sigas, por favor! ¡No me recuerdes mi desgracia!

AMENAMÉN.—No sigo. Aquí me quedo, en la tablilla número veintitrés.

NEVERCITY.—Sí, sigue, Amenamén, sigue. Anótalo todo, escríbelo todo. Porque yo te digo que algún día podremos regresar a nuestra pirámide, y ese día...

escriba: persona que copiaba textos o que los escribía al dictado.

Anubis: dios de los muertos de los antiguos egipcios; era el encargado de conducir a los difuntos al otro mundo.

YAMESÉ II.—¡Ya me sé esa historia! ¡Desengáñate, mujer, nunca volveremos al Valle de los Reyes, donde vivíamos!

NEVERCITY.—¡Silencio! He oído un ruido.

YAMESÉ II.—No te preocupes, **Anubis** nos protege.

NEVERCITY.—¿Anubis? ¿Has dicho Anubis? Él tiene la culpa de todo lo que nos pasa. *(Canta.)* Dime dónde estaba Anubis cuando me momificaron, dime dónde estaba Anubis, que esta pinta me dejaron... ¿Anubis...? ¡No me lo nombres, que no existe para mí!

GATOS.—*(Bailando y cantando.)* ¿Anubis? ¡No se lo nombres, que no existe para ella!

YAMESÉ II.—¡Silencio! ¡Yo también he oído un ruido!

(Las momias y los gatos corren hacia una esquina. Se abrazan muertos de miedo. Se oyen unos pasos.)

Sagrario PINTO

Hänsel y Gretel

Había una vez una familia de leñadores que vivía con sus hijos, Hänsel y Gretel, en una cabaña cerca del bosque. Una noche, el leñador le dijo a su mujer:

—Somos tan pobres que ni siquiera podemos alimentar a nuestros hijos. Mañana los dejaré en el bosque.

Los niños, desde su cuarto, escucharon la conversación y se quedaron muy preocupados.

—Tengo una idea —le dijo Hänsel a su hermana. Y salió de la casa, cogió unas piedrecitas y se las guardó en el bolsillo.

A la mañana siguiente, camino del bosque junto a su padre, el niño fue dejando las piedrecitas por el suelo.

Y así, siguiendo su rastro, pudieron regresar a casa.

Una tarde, cuando menos lo esperaban, el padre llevó de nuevo a los niños al bosque.

Hänsel, que llevaba un trozo de pan en el bolsillo, fue sembrando de miguitas el camino. Pero cuando los dos hermanos quisieron regresar a casa, no pudieron: los pájaros se habían comido las miguitas.

Los niños comenzaron a andar hasta que a lo lejos vieron una lucecita y se dirigieron hacia ella. ¡Era una casita de chocolate!

Hänsel y Gretel tenían mucha hambre. Estaban comiendo un buen trozo de la casa cuando una amable viejecita les invitó a entrar. ¡Era una bruja! Encerró al niño en una jaula con el propósito de comérselo y le ordenó a Gretel que se pusiera a cocinar para alimentar a su hermano.

—A mí me gustan los niños gorditos —dijo la bruja.

Todos los días, la bruja se acercaba a la jaula.

—A ver, enséñame el dedo gordo —le decía a Hänsel.

El niño, que era muy listo, en lugar del dedo le enseñaba un hueso de pollo. Y así la bruja creía que el niño no engordaba.

—Estoy harta de esperar —dijo un día la bruja—. Gretel, enciende el horno, que hoy mismo me voy a comer a tu hermano.

La niña encendió el horno, pero con astucia le dijo a la bruja:

—No sé hacerlo. ¿Por qué no me enseñas?

Entonces la bruja se acercó al horno. Gretel la empujó dentro y la bruja se abrasó.

¡Hänsel y Gretel estaban salvados! Los dos niños se alejaron de allí con el tesoro que la bruja guardaba en un cofre. Pudieron volver junto a sus padres y desde entonces vivieron contentos y felices.

Hermanos Grimm

La lectura todo lo cura

Aquí te ofrezco un remedio para que estés muy atento.

1 ¿Sabes qué hora es? Vuelve a leer la canción de **Los esqueletos** y completa.

Son las ____________.

Son las ____________.

Son las ____________.

2 Los antiguos egipcios momificaban a sus muertos, y sobre las tumbas y los sarcófagos escribían oraciones utilizando dibujos e imágenes como estos.

Escritura jeroglífica.

3 Tú también puedes interpretar jeroglíficos. Haz la prueba y completa.

Mi animal favorito
es el ______________.

La lectura
es un ______________.

4 Las brujas se han escapado de estos cuentos. Escribe sus títulos donde corresponda.

______________ ______________ ______________

______________ ______________ ______________

7 Las orejas del elefante

Al desayunar, una dosis de poesía… para empezar bien el día.
Después de comer, teatro: paseando por la selva no hay mal que no se resuelva.
Y, antes de dormir… la fábula del león y el fabuloso ratón.
Receta

El lagarto está llorando

El lagarto está llorando.
La lagarta está llorando.

El lagarto y la lagarta
con delantalitos blancos.

Han perdido sin querer
su anillo de desposados.

¡Ay, su anillito de plomo,
ay, su anillito plomado!

Un cielo grande y sin gente
monta en su globo a los pájaros.

El sol, capitán redondo,
lleva un chaleco de raso.

¡Miradlos qué viejos son!
¡Qué viejos son los lagartos!

¡Ay cómo lloran y lloran,
ay, ay, cómo están llorando!

Federico GARCÍA LORCA

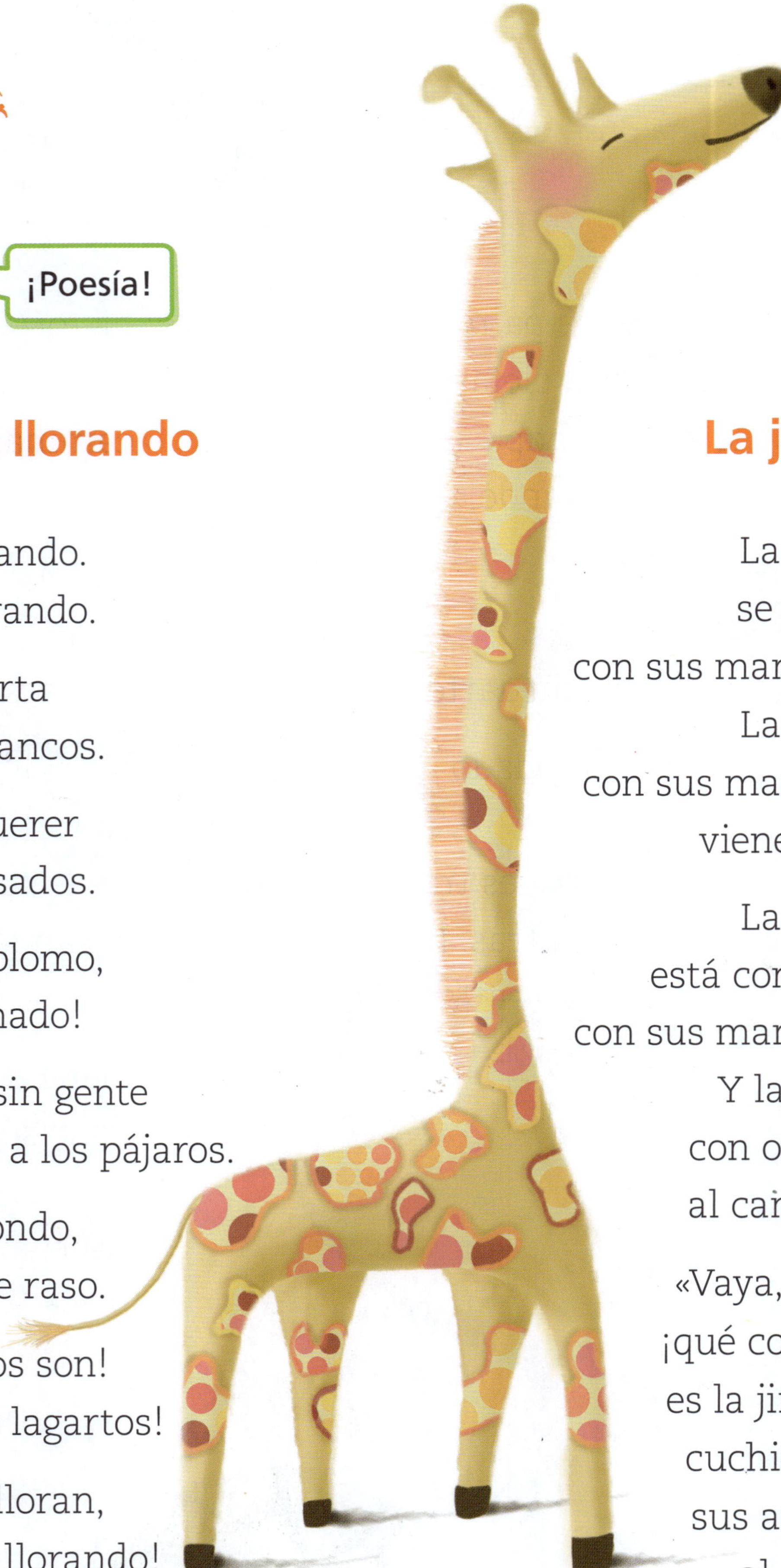

La jirafa

La jirafa
se pasea
con sus manchas.
La jirafa
con sus manchas
viene y va.

La jirafa
está contenta
con sus manchas.
Y las luce
con orgullo
al caminar.

«Vaya, vaya,
¡qué coqueta
es la jirafa!»,
cuchichean
sus amigos
al pasar.

Sagrario PINTO

El elefante

Por detrás de unas palmeras
se ha escondido el elefante,
pero se le ve la trompa
y la barriga tan grande.

El mono grita:
—¡Te he visto!
¡Te toca otra vez quedarte!

Con gesto muy enfadado
el elefantito sale.
—Me parece que haces trampa.
Siempre me encuentras. No vale.

Ana María Romero Yebra

La tortuga Pocaprisa

La tortuga Pocaprisa
tiene su modo de andar:
camina un poco y se para
a ver el viento pasar.

La tortuga Pocaprisa
tiene su modo de andar:
si descansa, no camina,
y el viento la deja atrás.

La tortuga Pocaprisa
tiene su modo de andar:
pasan las nubes corriendo
y el tiempo las deja atrás.

Tiene el niño su sonrisa,
tiene sus olas el mar:
la tortuga Pocaprisa
tiene su modo de andar.

Floria Jiménez

Las palabras de la selva

(Aparecen en escena la pantera Bagheera*, el oso* Baloo *y* Mowgli*, que camina detrás de ellos.)*

Bagheera.—(*A* Baloo.) Creo que has sido muy duro con Mowgli. Es muy pequeño y no puede aprender en un solo día el lenguaje de la selva.

Baloo.—La selva es peligrosa. Hay animales más pequeños que él que pueden hacerle mucho daño. ¡Tiene que darse prisa en aprender! Mowgli, ven. Dile a Bagheera las palabras mágicas de la selva que te he enseñado hoy.

Mowgli.—¿Las palabras mágicas… para qué pueblo? En la selva hay muchos lenguajes. ¡Yo los sé todos!

Baloo.—Pues comienza con las palabras de los pájaros.

Mowgli.—Pío, pío, pío…

Bagheera.—¿Y conoces el lenguaje de las serpientes?

Mowgli.—¡Por supuesto! Ssssss, ssssss.

Bagheera.—*(Sonriendo a Baloo.)* No se puede negar que eres un buen maestro.

Baloo.—Dentro de poco, Mowgli podrá comunicarse con todas las tribus de la selva.

Mowgli.—Dentro de poco… ¡tendré mi propia tribu! Y la dirigiré desde las ramas de los árboles.

Bagheera.—*(Enfadada.)* ¿Pero qué disparate es ese? ¿Quién te ha metido esas ideas en la cabeza?

Baloo.—Mowgli, ¿no habrás hablado con el pueblo de los monos? ¡Dime que no lo has hecho!

Mowgli.—Cuando me reñiste esta mañana y me marché enfadado, me encontré con los monos grises. Ellos me consolaron y fueron muy amables conmigo. Me dieron de comer y me llevaron en brazos a lo más alto de los árboles. Además, me dijeron que yo era su hermano y que algún día sería su jefe.

Baloo.—¡Oh, no!

BAGHEERA.—Los monos no tienen jefes, no tienen leyes. Son unos mentirosos. Los animales de la selva no nos tratamos con ellos.

BALOO.—Ni siquiera tienen un lenguaje propio. Usan palabras robadas que oyen por casualidad cuando escuchan escondidos entre los árboles.

BAGHEERA.—Son unos ladrones. Roban hasta las palabras.

MOWGLI.—A mí me parecieron muy simpáticos. Andan a dos pies como yo y juegan todo el día. Estoy pensando en ir a vivir con ellos.

BAGHEERA y BALOO.—¿Qué…?

BALOO.—¿Con esos bobos que se pasan el día riendo y lanzando nueces desde los árboles? ¡Ni lo sueñes!

(Comienzan a caer nueces y ramas.)

BAGHEERA.—¡Agarra al chico, Baloo! ¡Vámonos de aquí!

(BAGHEERA y BALOO cogen a MOWGLI y salen corriendo.)

Rudyard KIPLING

El león y el ratón

Había una vez un ratoncito que vivía en la sabana rodeado de animales grandes, muy grandes. Admiraba la fuerza del elefante y del rinoceronte y deseaba ser como ellos.

El ratoncillo también era muy juguetón, y un día, a la hora de la siesta, comenzó a juguetear encima del cuerpo de un león y lo despertó.

—¿Qué tenemos aquí? —dijo el león dando un zarpazo con su garra y atrapando en el aire al pequeño ratoncillo.

—¡Suéltame, suéltame, por favor! —protestó el ratón—. ¡Solo quería jugar un poco!

—¿Querías jugar? ¿Y no te podías haber ido a jugar a otro sitio? —dijo el león muy enfadado—. Has tenido que venir a molestarme, precisamente a mí. ¿No sabes quién soy?

—Perdóname, león —dijo el ratón, temblando de miedo—. Sé bien quién eres. Eres el rey de todos los animales.

—¡Grrr, grrr, grrr! —rugió el león—. ¿Y sabes también que te puedo devorar en un abrir y cerrar de boca?

—¡No me comas, león! —le pidió el ratón—. Si me comes no te serviré de nada, pero si me perdonas la vida, prometo ayudarte cuando lo necesites.

—¡Ja, ja, ja! ¡Qué graciosillo eres, ratón! —dijo el león soltando una sonora carcajada—. ¡Ayudarme tú a mí! ¡Ja, ja, ja! Anda, vete. Te voy a perdonar la vida por ser tan simpático.

El ratón se marchó a todo correr y el león continuó durmiendo.

Unos días más tarde, el león salió de caza por la sabana y cayó en la red que unos cazadores habían preparado. Pese a toda su fuerza, no conseguía librarse de ella y rugía desesperado: ¡Grrr, grrr, grrr!

El ratoncillo oyó sus gritos y corrió a ayudarle.

—Tranquilo —dijo el ratón—. No te muevas. Voy a roer las cuerdas para que puedas escapar.

El león no podía creer que aquel animalillo fuera capaz de sacarlo de allí. Pero al poco rato vio un gran agujero en la red.

—Bueno, ¡ya está! —dijo el ratón—. ¡Eres libre! Ahora ya sabes que no soy tan insignificante. ¡Estoy orgulloso de ser un pequeño ratón!

Aprendamos del ratón, queridos niños: seas pequeño o seas grande, todos somos necesarios.

Félix María de Samaniego

La lectura todo lo cura

¡Y ahora un remedio muy eficaz para que aprendas del mundo animal!

1 Un mono muy travieso ha desordenado los versos del poema. Ordénalos y cópialos correctamente.

se puso a cantar,
Cuando la rana
y la hizo callar.
vino la mosca

2 Aprende a rimar con los animales. Estos animales han perdido objetos que riman con sus nombres. Copia al lado de cada animal el nombre del objeto que le corresponda.

 →

 →

 →

 →

3 Mowgli conoce el lenguaje de los animales, ¿y tú?
Dibuja el animal que emite cada sonido.

¡Aúuu, aúuu!

¡Grrr, grrr!

¡Ssssss, ssssss!

¡Croac, croac!

4 Las fábulas son cuentos que siempre terminan con una moraleja, es decir, con una enseñanza o un consejo. ¿Cuál es la moraleja de la fábula **El león y el ratón**? Cópiala.

8 El pirata se marea

Al desayunar, poemas, que ayudan a navegar.
Después de comer, retratos de algunos antepasados.
Y, antes de dormir, una emocionante historia: ¡Robinson y sus memorias!
RECETA

Buen viaje

Con la mitad de un periódico
hice un **buque** de papel,
y en la fuente de mi casa
va navegando muy bien.

Mi hermana con su abanico
sopla que sopla sobre él.
¡Muy buen viaje, muy buen viaje,
buquecito de papel!

Amado Nervo

buque: embarcación grande para hacer largos viajes.

El pirata Piratón

En todo el mundo, no creo
que hubo un pirata más feo.
Le faltaba media oreja,
siete dientes y una ceja.
Estaba tuerto de un ojo,
y el otro se le torcía.

Y era tan cojo, tan cojo,
y era tan malo, tan malo,
que tenía… ¿Qué tenía?
¡Las cuatro patas de palo!

Ángela Figuera Aymerich

Mapas piratas

Para entender un mapa de piratas
sin dejarse engañar por las **erratas**,
hay que tener en cuenta
el más secreto de sus secretos:
¡los piratas eran analfabetos!

Como no podían escribir,
era difícil decidir
adónde ir
guiándose por un papel
sin saber qué decía en él.

Así que resolvieron finalmente
hacer mapas de un modo diferente,
poniendo en lugar de nombres
(no te asombres)
simbolitos y dibujos,
y explicando sin tapujos
todo aquello interesante
para cualquier navegante.

Por eso son tan bonitos
los mapas de los **proscritos**,
con sus cofres, sus palmeras,
sus cruces, sus calaveras,
sus barquitos y sus loros.

Ana Alonso

erratas: errores en la escritura.
proscritos: bandidos.

Una curiosa tripulación

Había una vez cinco piratas, cinco, ni uno más ni uno menos, que dedicaban las veinticuatro horas del día al arriesgado oficio de piratear.

Uno era cojo, con pata de palo. Y manco, con garfio en un brazo. Y tuerto, con parche en un ojo. Y… capitán. Sobre todo, capitán.

Capitán del barco pirata y todos sus **enseres,** de **proa** a **popa.** Y capitán, cómo no, de los otros cuatro piratas. Y del loro. Un loro burlón. Insolente las más de las veces. Y, con demasiada frecuencia, maleducado.

Si el capitán gritaba:

—¡Al abordaje! ¡A **estribor**!

El loro multiplicaba sus órdenes con aire de guasa:

—¡Abordaje-bordaje-bordaje! ¡A estribor-tribor-tribor!

enseres: muebles, objetos.

proa y **popa:** partes delantera y trasera de una embarcación.

estribor: el lado derecho de un barco, mirando hacia la proa.

[…] Los otros cuatro piratas tenían este aspecto:

Uno era negro, negro del todo, **azabache,** y solo se distinguía a la luz del sol, a pleno día. Durante la noche era fácil confundirlo con el **mástil** del barco, debido a su color de madera requemada.

Otro era bajito, muy bajito. Tanto que le costaba un sufrimiento saltar por los costados del barco, y si un compinche no se acordaba de auparle, llegaba tarde a los abordajes, o cuando estaba terminando el ataque.

Era el tercero un gran lector de novelas de piratas. Lo sabía casi todo sobre cartas de navegar, banderas, códigos secretos, gigantescas ballenas y antepasados gloriosos.

azabache: piedra de color negro.
mástil: palo de una embarcación.

doblones y **maravedíes:** antiguas monedas españolas.
guarida: refugio.

El cuarto y último estaba dotado de excelente paladar. Por eso se encargaba de faenas de bodega... Resulta innecesario añadir que dormía recostado en los barriles. Y que allí permanecía las horas muertas.

Los cinco piratas, seis si contamos al loro, conocían los siete mares mejor que los dedos de sus nueve pies y podían averiguar, simplemente a ojo o por el olfato, si un barco mercante estaba cargado de **doblones** o **maravedíes**.

Tenían su **guarida** en una isla minúscula del inmenso océano. Sobre la isla vivía una cabra. Una cabra dócil y servicial que rumiaba tréboles sin pausa.

Antonio Rubio

Robinson Crusoe

Me llamo Robinson Crusoe y nací en la ciudad inglesa de York. Mi padre quería que estudiase Leyes, pero desde niño soñé con vivir fabulosas aventuras. Cuando contaba dieciocho años me embarqué por primera vez con destino a Londres.

Después de ese viaje, lleno de dificultades, realicé otros muchos. Navegué por costas africanas, fui prisionero de un **corsario** turco y me convertí en un rico propietario de tierras en Brasil.

Mi espíritu inquieto me llevó a embarcarme en un nuevo viaje, esta vez a Guinea. Tras unos días de calma, un violento huracán nos hizo perder el rumbo. El viento se desató con tanta furia, que durante doce días navegamos a la deriva. Pensábamos que en cualquier momento podíamos morir.

corsario: pirata.

bote: embarcación pequeña.
víveres: provisiones de comida.

En medio de la desesperación, tratamos de salvarnos en un pequeño **bote.** Pero las olas eran tan altas que el bote volcó y caímos al agua.

Aunque vi morir a todos mis compañeros, no me di por vencido. Nadé sin descanso hasta llegar agotado a una pequeña isla. ¡Estaba salvado!

Cuando me recobré, vi que la marea había acercado el barco hacia la playa y nadé hasta él. Al llegar, escuché los ladridos de un perro. Inspeccioné la bodega y comprobé que había bastantes provisiones. Fabriqué una balsa, la cargué con **víveres,** ropas y armas, y regresé a la isla. Traje conmigo al perro.

Poco después construí una choza y empecé a llevar el control de los días que pasaban haciendo pequeñas rayitas en una estaca. También comencé a escribir un diario.

Con el paso del tiempo, cultivé la tierra, me dediqué a criar cabras y aprendí a tejer cestos. También domestiqué a un loro, al que llamé Poll, y le enseñé a decir mi nombre. En cierta ocasión, salvé la vida a un hombre que estaba a punto de morir a manos de unos caníbales. Le puse de nombre Viernes y le enseñé mi lengua y mi religión.

Un día, Viernes acudió corriendo a avisarme de que había visto un barco y una piragua que venían hacia la playa. Descubrimos a un grupo de marineros que se habían rebelado contra los oficiales del barco. Los habían hecho prisioneros y se disponían a abandonarlos en la isla. En un descuido de los rebeldes, conseguí liberar a los prisioneros y los ayudé a defenderse. Como forma de agradecimiento, el capitán y los oficiales me ofrecieron embarcar con ellos.

¡Por fin podía salir de la isla! Habían pasado veintiocho años, dos meses y diecinueve días.

Daniel Defoe

La lectura todo lo cura

1 Los piratas utilizaban códigos secretos para comunicarse. Sustituye cada dibujo por su letra y podrás leer el mensaje.

2 Entre los cinco piratas había un gran lector de novelas de piratas. Subraya los temas que le interesaban.

tipos de barcos — códigos secretos — recetas de cocina
cartas de navegar — pájaros — banderas
ballenas gigantes — historias de sus antepasados

3 Lee esta página del diario de Robinson Crusoe con atención.

4 de mayo

Hoy he salido a pescar pero no he tenido suerte. No ha picado ningún pez. Otro día volveré. ¡Qué ricos están los peces cuando los pongo a secar al sol! Estaba aburrido y a punto de marcharme cuando he visto saltar a un pequeño delfín.

4 ¿Te gustaría tener tu propio diario? En él podrás ir anotando lo que haces cada día. Seguro que dentro de unos años te gustará leerlo y recordarlo. Comienza escribiendo aquí y explica qué fue lo que hiciste ayer. ¡No te olvides de poner la fecha!

9 La jardinera que todo lo veía verde

Al desayunar, canciones. Y también adivinanzas, para ver otros colores.
Después de comer, escuche la lección de un profesor, beba un poquito de agua, y se sentirá mejor.
Y, antes de dormir, un cuento: el de un ratón muy curioso que vivía con su abuelo.
RECETA

Jardinera

—Jardinera, tú que entraste
en el jardín del amor,
de las flores que tú riegas,
dime, ¿cuál es la mejor?,
dime, ¿cuál es la mejor?

—La mejor es una rosa
que se viste de color,
del color que se le antoja,
y verdes tiene las hojas,
y verdes tiene las hojas.

Tres hojitas tiene verdes,
y las demás, coloradas,
a ti te elijo entre todas
por ser la más resalada,
por ser la más resalada.

—Muchas gracias, jardinera,
por el gusto que has tenido,
porque habiendo tantos niños
a mí me hayas elegido,
a mí me hayas elegido.

Agua, San Marcos

Agua, San Marcos,
rey de los charcos,
para mi triguito,
que ya está bonito;
para mi cebada,
que ya está granada;
para mi melón,
que ya tiene flor.

POPULARES

Unas gotas de adivinanzas

Soy tul y no soy de tela.
Llevo pan y no a la mesa.
Me verás en los jardines
y también en las macetas.

Sin el aire yo no vivo
y sin la tierra me muero.
Tengo yemas sin ser huevo
y copa en la que no bebo.

Doy al cielo resplandores
cuando deja de llover:
abanico de colores,
que nunca podrás coger.

¿Sabes decirme la flor
que huele como ninguna
y es el nombre de un color?

Con mi cara encarnada,
mi ojo negro
y mi vestido verde,
al campo alegro.

POPULARES

Una excursión para visitar los embalses

Hacía tan buen tiempo que las clases de «Cono» se daban a diario en el campo, en plena naturaleza. La sequía era el tema principal de todas las conversaciones y Francisco quiso que los chicos vieran cómo había bajado el nivel del agua en los embalses de la zona. Por eso organizó una excursión para visitar Valdelarroyo y Fuenclara.

Dos años antes, Francisco había tomado fotografías de los embalses, cuando estaban llenos de agua y todo a su alrededor era verde y fresco, y se las había enseñado a los chicos. Ahora pensaba tomar otras fotografías desde los mismos lugares para compararlas con las anteriores. El profesor quería que los niños grabaran en sus mentes esas diferencias y la importancia que tiene el agua para la vida.

Todos habían preparado sus mochilas con la comida, la cantimplora y la gorra, y se enseñaban unos a otros las cosas que llevaban.

En ese momento, apareció en la plaza el autobús. Cristina hizo una seña a sus amigos indicándoles que se dieran prisa; debían subirse los primeros para que nadie les quitara los asientos de la parte trasera, que eran los mejores.

El viaje no fue largo, así que casi no les dio tiempo a cantar todas las canciones que sabían: la de **Vamos a contar mentiras**, la de **Un elefante se balanceaba**, la de **Para ser conductor de primera**…

Primero pasaron por el embalse de Fuenclara. Allí Francisco les mostró las marcas que indicaban hasta dónde llegaba el agua cuando estaba **repleto** y llamó su atención sobre la diferencia que había con el nivel actual. Los chicos no podían creerlo.

repleto: lleno, completo.

afluentes: ríos que vierten sus aguas en otros ríos.

—Es alucinante que el agua haya bajado tanto en los embalses —comentó Daniel con la nariz aplastada contra el cristal del autobús.

—¿Y cómo se llenan los embalses? —quiso saber Raquel, cada vez más preocupada por la sequía.

—Pues se llenan gracias a la lluvia y al agua que llega de los ríos, en este caso, el agua del Gualdahoz, que es un río muy grande, y de todos sus **afluentes.** Este año no ha llovido, así que los ríos bajan secos o con poca agua… —explicó Francisco.

Y un chico interrumpió:

—¿Y por qué no dan más agua a los ríos para que llenen los embalses?

El que había hecho la pregunta era Pedro, que siempre decía lo primero que se le venía a la cabeza, sin pensarlo en absoluto. Francisco sonrió y dijo:

—¿Pero es que piensas que el agua de los ríos sale de un grifo que se puede abrir y cerrar cuando uno quiera?

Rocío Antón y Lola Núñez

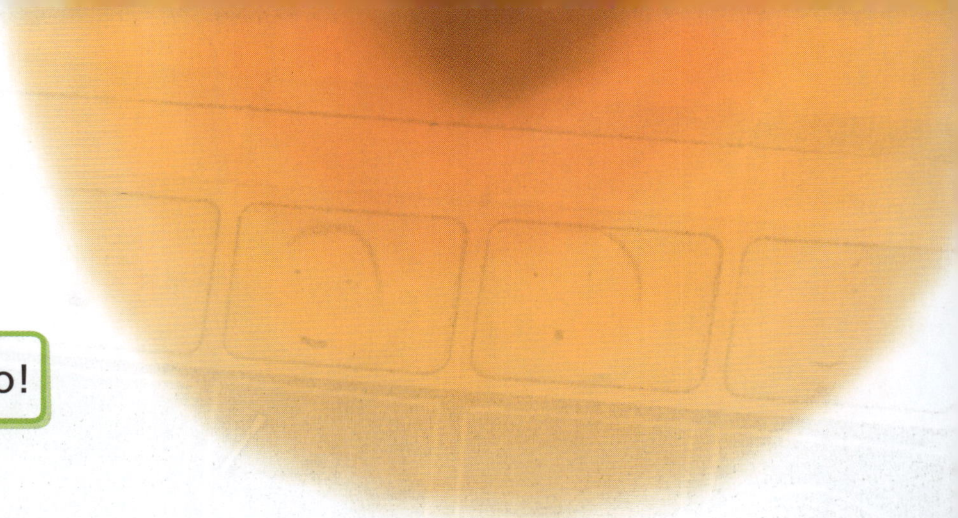

Háblame del sol

Tres, el más pequeño de los ratones, estaba intrigado desde hacía tiempo por la aparición de una luz que surgía del techo, cruzaba la habitación y se derramaba por el suelo. No era como otras luces que también procedían del techo, amarillentas y **tenues.** Este era un rayo de luz blanco y brillante; solo duraba unos instantes y luego desaparecía.

Tres jugaba con esa luz, la detenía en su mano o en su cuerpo. Ponía debajo los más diversos objetos y estos adquirían un color más luminoso.

Otras veces, en cambio, se quedaba frente a ella observándola, sin parpadear siquiera.

Sus hermanos, sin embargo, parecían no haber reparado en aquella maravilla. El abuelo, sí. Observaba al pequeño intrigado por el prodigio y un día tuvo que contestar a la pregunta que siempre supo que llegaría:

—¿Qué es, abuelo?

—Es el sol. Vamos, es hora de comer.

tenues: suaves.

El pequeño ratón esperaba cada vez con más emoción la llegada del rayo de sol. Ya apenas jugaba con sus hermanos, y si algún día la luz no llegaba, se ponía muy triste y entonces acudía hasta su abuelo con la misma pregunta de siempre:

—Háblame del sol.

El abuelo se resistía. No quería que su nieto tomara demasiado cariño al sol. Pero sin darse cuenta comenzaba a hablar de él con el corazón lleno de nostalgia.

—Nunca me habías dicho que eras amigo del sol —dijo el pequeño ratón con voz emocionada.

—También es amigo tuyo. Ya ves. Siempre que puede viene a visitarte. Los días en que no aparece es porque las nubes no le dejan. Debes ser comprensivo con él.

—¡Nubes tontas!

—No, pequeño, ellas solo hacen su trabajo…

Sus hermanos jugaban sin descanso, indiferentes a aquel rayo de luz que llevaba ya más de una semana sin aparecer. Para ellos el sótano era todo su mundo, mientras Tres se sentía cada vez más triste.

El abuelo no sabía qué hacer, y una noche en que no podía dormir por la preocupación tuvo una brillante idea. Durante los días siguientes, cuando todos dormían, él trabajó en ella. Los pequeños pronto cumplirían un año. Los regalos de Uno y de Dos los tenía ya resueltos. Debía terminar el de Tres; un regalo que sin duda le encantaría y que iba a devolverle la alegría.

Y llegó el día de los cumpleaños.

El abuelo se dirigió a la pared, trepó con torpeza por unas cajas apiladas junto a ella y desde allí arriba exclamó:

—¡Bueno, he aquí tu regalo de cumpleaños, querido Tres! —y retiró un cartoncito apoyado en la pared.

—Mira por aquí —le pidió el abuelo señalando un puntito de luz.

Tres acercó uno de sus negrísimos ojos al orificio. Así permaneció un ratito moviendo nervioso la cola. Sus hermanos ya estaban dedicados a sus juegos, luciendo los regalos de cumpleaños.

Tres apartó al fin su cara de la pared y exclamó emocionado:

—¡Es hermoso! ¡Nunca pensé que lo fuera tanto!

Ángel Esteban

La lectura todo lo cura

1 Dibuja una planta y escribe una adivinanza sobre ella.

2 El profesor Francisco llevó a sus alumnos de excursión para mostrarles algunos embalses. Localiza en esta sopa de letras otros cinco lugares donde también podemos encontrar agua y copia sus nombres.

N	X	P	A	L	U	F	E	T
R	I	O	M	A	Z	U	V	O
Q	U	Z	S	G	B	E	D	A
T	B	O	N	O	K	N	U	B
A	R	R	O	Y	O	T	E	R
D	L	I	X	U	C	E	Q	U

3 El agua es un bien muy valioso. Dibuja un cartel que exprese la necesidad de ahorrar agua y explica qué puedes hacer tú para no desperdiciarla.

4 Señala las escenas que se correspondan con el regalo que el abuelo le hizo a Tres el día de su cumpleaños.

10 Una sirena con alas

Al desayunar... retahílas: ¡vamos a contar mentiras!
Después de comer, el mito de un murciélago distinto.
Y, antes de dormir... un poco de animación: la leyenda de un dragón.
RECETA

Yo he visto…

No te asustes si en el mar
y tumbado en tu toalla
ves a una hermosa sirena
tomando el sol en la playa.

Tomando el sol en la playa,
yo he visto pasar a un gallo
sobre zancos, perseguido
por un **tropel** de caballos.

Por un tropel de caballos
y por quinientos ratones
que jugaban a la comba
con **ristras** de salchichones.

Con ristras de salchichones
que habían robado al perro
que vigila un gran castillo
que está oculto bajo un cerro.

Que está oculto bajo un cerro,
de palmeras rodeado
y en cuya torre de azúcar
vive un príncipe encantado.

Vive un príncipe encantado…,
encantado de esperar
a una sirena con alas
que le lleve a ver el mar.

Sagrario PINTO

tropel: grupo de animales que se mueven de manera desordenada.
ristras: series de elementos colocados en fila.

Esta es la llave de Roma

Esta es la llave de Roma y toma.
En Roma hay una calle.
En la calle hay una casa.
En la casa hay un patio.
En el patio hay una sala.
En la sala hay una alcoba.
En la alcoba hay una cama.
En la cama hay una dama.
Junto a la dama, una mesa.
En la mesa hay una jaula.
Dentro de la jaula, un loro.
Saltó el loro.
Saltó la jaula.
Saltó la mesa.
Saltó la dama.
Saltó la cama.
Saltó la alcoba.
Saltó la sala.
Saltó el patio.
Saltó la casa.
Saltó la calle.
Y aquí tienes a Roma
con todas sus siete llaves.

POPULAR

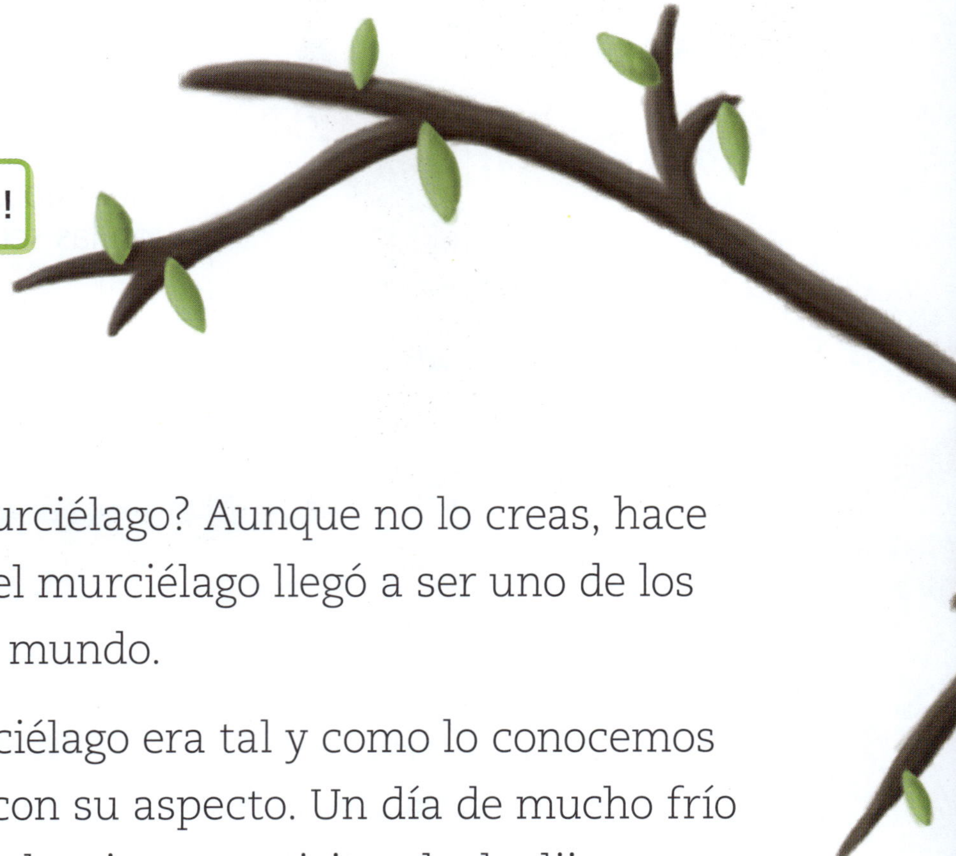

El murciélago

¿Has visto alguna vez un murciélago? Aunque no lo creas, hace muchos, muchísimos años, el murciélago llegó a ser uno de los animales más hermosos del mundo.

En aquellos tiempos, el murciélago era tal y como lo conocemos ahora y no estaba contento con su aspecto. Un día de mucho frío fue a ver al Creador de todo el universo y, tiritando, le dijo:

—¿No me podrías regalar algunas plumas como las que tienen las aves? Fíjate, estoy temblando de frío.

—¡Lo siento, amigo! —dijo el Creador—. ¡No me queda ni una! La última se la acabo de dar a un pequeño gorrión.

El Creador se puso a pensar de qué manera podría ayudar al murciélago. Después de pensar un poco, tuvo una idea:

—¡Ya sé lo que puedes hacer! Pídele a cada ave que te regale una de sus plumas.

El murciélago así lo hizo. Pero solo les pidió plumas a las aves más hermosas.

tucán: ave con el pico grande y plumas de vistosos colores que suele vivir en las selvas tropicales de América.

Cuando hubo reunido un gran número de plumas, se las puso en el cuerpo y se preparó para emprender el vuelo. Antes, se acercó a beber agua a un arroyo limpio y cristalino y, al verse reflejado, exclamó:

—¡Soy el ser más hermoso de toda la creación!

Extendió sus alas moviéndose hacia uno y otro lado y, al hacerlo, apareció el arcoíris en el cielo.

Las aves le felicitaron por su hermosura. Pero el murciélago, en vez de estar agradecido, las despreciaba y se burlaba de ellas.

—Tienes unas patas muy largas —le decía al flamenco que le había regalado una pluma rosa.

—No me gusta tu pico. ¿Por qué tienes ese pico tan grande? —le decía al **tucán** que le había obsequiado con una preciosa pluma amarilla.

—Y tú... ¡vaya pinta que tienes! —le gritaba a un pajarito—. ¡Eres tan pequeño que pareces una mosca! ¡Te llamaré el pájaro mosca!

pavonearse: presumir.

—¡Es el colmo! —dijo el águila real indignada—. Mirad de qué forma nos agradece el favor que le hemos hecho. No podemos seguir así. Esto tiene que saberlo el Creador.

Cuando el Creador se enteró de lo que estaba ocurriendo, no le gustó nada el comportamiento del murciélago y le mandó llamar.

—Querrá que viva con él en el cielo —pensó el murciélago—. ¡Como soy tan hermoso…!

El murciélago comenzó a **pavonearse** delante de las demás aves. Sus plumas eran preciosas: las amarillas parecían de oro; las azules, de terciopelo, y las rojas brillaban como los corales del mar. Pero de repente, una a una, todas las plumas fueron cayendo al suelo y las aves se apresuraron a cogerlas.

El murciélago, desnudo y avergonzado, corrió a refugiarse dentro de una cueva. Desde entonces solo sale de noche y ha perdido el sentido de la vista para no recordar los hermosos colores con los que un día cubrió su cuerpo.

Popular mexicano

Los ojos del dragón

Si alguna vez viajas a China, podrás ver muchas pinturas y esculturas de dragones. En China, el dragón es considerado un símbolo de buena suerte, pero si por casualidad descubres un dragón sin ojos, ¡no se te ocurra pintárselos!

Cuenta una antigua leyenda que hace muchísimos años, en la ciudad de Nanking, vivía un artista muy famoso llamado Chang Seng-yu. Estaba especializado en pintar dragones, y el emperador lo llamó para que decorase las paredes de un templo que acababa de construir.

Chang Seng-yu aceptó el encargo de pintar cuatro dragones. Pero puso una condición: nadie podría ver su trabajo hasta que no estuviese completamente terminado.

Y el emperador accedió.

Cada día, Chang Seng-yu se levantaba muy temprano para ir al templo y no regresaba a su casa hasta el anochecer.

El emperador esperaba con impaciencia poder contemplar la obra del artista. Por fin, un día, el pintor mandó un recado a palacio para anunciar que había terminado su tarea. Y el emperador acudió enseguida acompañado de su **séquito.**

> **séquito:** grupo de personas que acompañan a un emperador o un príncipe.

Todos pudieron comprobar que en cada una de las paredes del templo Chang Seng-yu había pintado un maravilloso dragón. Pero al contemplarlos, el emperador se quedó muy sorprendido y preguntó:

—¿Por qué no tienen ojos los dragones?

—Para que no puedan ver, majestad —respondió el pintor—. Así no se darán cuenta de que están encerrados entre cuatro paredes. A los dragones les gusta mucho la libertad y si les doy el poder de la vista querrán salir volando.

—¡Tonterías! —dijo el emperador—. Tienes que pintarles los ojos inmediatamente.

Chang Seng-yu intentó convencer al emperador de que no debía pintar los ojos a los dragones, pero el emperador no estaba acostumbrado a que nadie le llevase la contraria.

—No te lo voy a repetir —ordenó el emperador en un tono amenazador y poniéndole el pincel en la mano—. ¡Pinta los ojos de los dragones o atente a las consecuencias!

—Muy bien. Haré lo que me pedís. Pero ya os he advertido —dijo el pintor. E inmediatamente pintó los ojos del primer dragón.

—¡Perfecto! —dijo el emperador—. Ahora sí que parece que tiene vida propia. Ya puedes continuar con los otros tres.

Pero antes de que el artista pudiera volver a levantar el pincel, se escuchó un tremendo trueno, cayó un rayo sobre el templo y las paredes comenzaron a agrietarse. En ese momento, todos los allí presentes pudieron ver cómo el dragón al que le acababan de pintar los ojos salía de la pared, se inclinaba agradecido ante el pintor, que le había dado la vida, y desaparecía en el cielo.

Cuentan que el emperador mandó reconstruir el templo, y los otros tres dragones permanecieron allí sin ojos, tal y como los había pintado Chang Seng-yu.

POPULAR CHINO

La lectura todo lo cura

1 Las retahílas son juegos del lenguaje en los que se repiten palabras o versos. Completa esta retahíla siguiendo el modelo de *Esta es la llave de Roma.*

En el lago hay un flamenco.

Junto al flamenco hay un cisne.

Junto al cisne, una paloma.

Junto a la paloma, un pato.

Voló el pato.

____

____

____

Y todos volaron contentos.

2 El murciélago del mito que has leído quería tener plumas. La sirena, en cambio, no sabe qué hacer con las suyas. A cada animal de la fila de arriba le sobra algo que pertenece a un animal de la fila de abajo. Relaciónalos.

3 En los cuentos, los mitos y las leyendas aparecen muchos seres fantásticos que no existen en la realidad, pero que pueden vivir en nuestra imaginación. ¿Eres capaz de imaginar cómo serían un «aguilaelefante» y un «perrococodrilo»? Dibújalos y escribe debajo el nombre de cada uno.

4 En esta escena se han escondido los cuatro dragones de la leyenda que has leído. Localízalos y escribe dónde están.

11 El mago y sus conejos

Al desayunar,
canciones para jugar.
Después de comer,
jugar a la Oca le sentará bien.
Y, antes de dormir, un cuento...
(Y no se ponga nervioso
si aparece algún conejo.)
RECETA

Una, dola

Una, dola,
tela, catola,
quila, quilete,
estaba la reina
en su gabinete.
Vino Gil
y apagó el candil,
candil, candilón,
cuenta las veinte
que las veinte son.

Pico, pico, Gallarico

—Pico, pico, Gallarico,
¿quién te dio tan largo pico?
—Me lo ha dado mi señor
para cazar un ratón.

—¿Cuánto vale ese ratón?
—Cinco blancas y un doblón,
una perra saltiquera
y un caballo salticón.

Pin, pin

Pin, pin,
zarramacatín.
Vino la pulguita
con su sabanita.
Sábana redonda,
esta mano que se esconda.

Populares

En un café se rifa un pez

En un café se rifa un pez,
al que le toque el número tres,
uno, dos y tres.

En un café se rifa un gato,
al que le toque el número cuatro,
uno, dos, tres y cuatro.

Don Pepito el verdulero

Don Pepito el verdulero
se metió en un sombrero.
El sombrero era de paja,
se metió en una caja.
La caja era de cartón,
se metió en un cajón.
El cajón era de pino,
se metió en un pepino.
El pepino maduró,
y… ¡don Pepito se salvó!

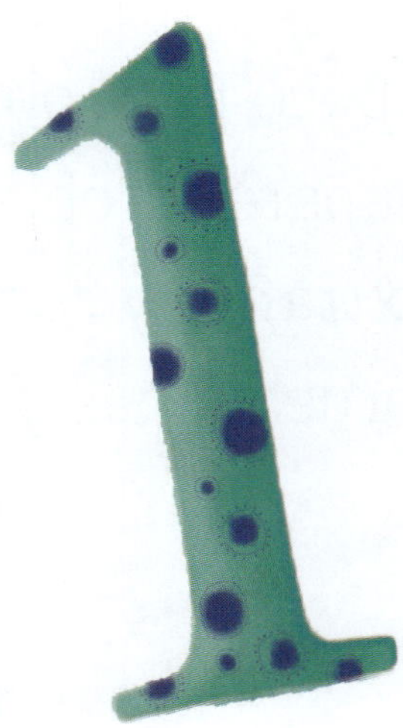

Tuturubeca

Pin, zoropín,
la ceca, la meca,
la Tuturubeca.

El hijo del rey
pasó por aquí
vendiendo las habas
a seis maravedís.

Mariquita la jonda,
este que se quede
y este que se esconda.

POPULARES

El Juego de la Oca

Benito estaba haciendo un curso de magia por correspondencia. Todas las semanas esperaba con ilusión que el cartero le trajera un sobre con las instrucciones para poder hacer un nuevo truco. Pero ese día el sobre era más grande, y dentro había algo más que unos cuantos folios: ¡había un tablero!

—¡Qué raro! —pensó Benito mientras rasgaba el papel de seda que envolvía el tablero.

Era un cuadrado de madera con unos preciosos dibujos.

Dentro del sobre también venían un dado, fichas de distintos colores y un librito titulado La magia del Juego de la Oca. Además había una nota, que Benito comenzó a leer:

«¡Enhorabuena! Ya le falta poco para obtener el título de mago profesional: sabe hacer desaparecer objetos, ha aprendido a sacar flores de los lugares más extraños y conoce un gran número de trucos con cartas. Una prueba más y le entregaremos su diploma.»

—Solo me queda una prueba… ¡Yupi! —gritó Benito ante la atenta mirada de su gato—. Veamos en qué consiste esa prueba.

Y continuó leyendo:

«Para convertirse en un auténtico mago deberá ser capaz de ganar una partida al Juego de la Oca. Esa será la prueba de que ha aprendido a desarrollar la atención, la memoria y la paciencia, cualidades necesarias para ser un buen mago.»

Benito abrió el libro que venía en el sobre. Allí estaban las reglas del Juego de la Oca:

- El juego consiste en recorrer un tablero en el que hay 63 casillas.
- Se reparte una ficha a cada jugador, que deberá tirar el dado en su turno y mover la ficha tantas casillas como indique el dado.
- Cuando se cae en una de las casillas con una oca, se avanza hasta la próxima oca, mientras se dice: «De oca a oca y tiro porque me toca», y se tira de nuevo.
- Al llegar a la casilla número 6, el puente, se pasa al siguiente puente, a la vez que se dice: «De puente a puente y tiro porque me lleva la corriente».
- Si se cae en la casilla 19, la posada, se pierde un turno.
- Si se cae en la casilla 31, el pozo, no se puede volver a jugar hasta que pase por allí otro jugador.
- En la casilla 42 está el laberinto. Al llegar allí hay que retroceder hasta la casilla 30. Y se dice: «Del laberinto al 30».
- La casilla 56 es la cárcel: dos turnos sin jugar.
- Si se cae en la casilla 58, la calavera, no se puede tener peor suerte: ¡hay que volver a empezar!
- A la casilla final solo se puede llegar con una tirada exacta. Ganará el jugador que llegue primero a la casilla 63: el jardín de la Oca.

—¡Estupendo! Me parece que he entendido perfectamente las reglas del juego —dijo Benito—. Les preguntaré a Pablo e Irene si quieren jugar conmigo y… ¡espero ganarles!

Sagrario Pinto

Alicia y el Conejo Blanco

Alicia se sentó bajo un árbol a leer un libro que le acababan de regalar. Era verano y hacía mucho calor. Poco a poco se fue sumergiendo en el sueño. El campo parecía más bonito que nunca y las flores le sonreían. De pronto, Alicia vio venir hacia ella un Conejo Blanco, que vestía muy elegante y, mientras consultaba su reloj de bolsillo, iba diciendo:

—¡Llego tarde! ¡Llego tarde! ¡Otra vez llego tarde!

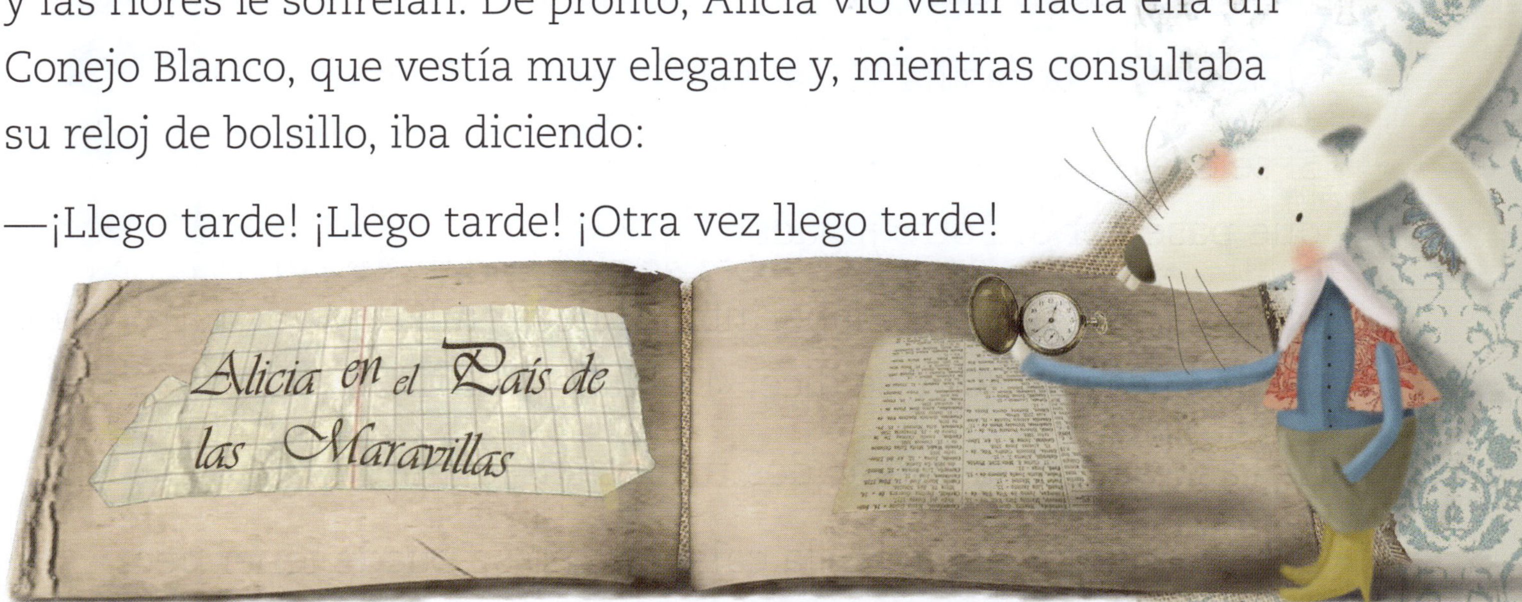

Alicia se levantó de un salto porque nunca había visto un conejo con chaleco, ni que llevase un precioso reloj de bolsillo. Se puso a correr detrás de él y vio cómo el conejo desaparecía por una madriguera.

Sin pensárselo dos veces, la niña se introdujo dentro de la madriguera. Era muy profunda. Al principio parecía un largo pasadizo pero luego se inclinaba, a modo de tobogán, y Alicia comenzó a caer a gran velocidad. ¡Menos mal que fue a parar sobre un mullido colchón de hojas secas y no se hizo ningún daño!

Alicia miró hacia arriba pero todo estaba oscuro. Delante de ella había otro largo pasadizo. Al fondo pudo ver al Conejo Blanco y decidió seguirle. Así llegó hasta una gran sala rodeada de puertas. Todas estaban cerradas con llave pero encima de una mesa de cristal había una llavecita de oro. Era la llave de una pequeña puerta. Alicia la abrió y vio que la puerta daba a un precioso jardín, ¡pero ella no cabía por la puerta!

—¡Qué lástima! —pensó la niña—. ¡Cómo me gustaría poder encoger!

Entonces vio una botellita encima de la mesa. Tenía una etiqueta que decía: «Si quieres encoger, bébeme».

Alicia era muy prudente y recordaba las recomendaciones que le daban sus papás. Antes de beber se aseguró de que en la etiqueta no pusiese la palabra veneno. Y como no lo ponía, dio un sorbo y comenzó a encoger hasta hacerse muy pequeña.

La niña se disponía a abrir la puerta, cuando se dio cuenta de que había olvidado la llavecita encima de la mesa y, como había encogido, no podía alcanzarla. Se sentó en el suelo y comenzó a llorar, pero era una niña muy valiente y no se daba por vencida con facilidad. Miró a su alrededor. Debajo de la mesa había un pastel en el que ponía: «Si quieres crecer, cómeme». Lo comió y comenzó a crecer.

Alicia cogió rápidamente la llave de oro y se fue hacia la puerta, pero crecía y crecía sin parar. Parecía como si fuese a atravesar el techo. Al verse así, se echó a llorar. Y lloró tanto que sus lágrimas formaron un enorme charco. En ese momento pasó por allí el Conejo Blanco. Iba vestido como para ir a una fiesta y llevaba unos guantes blancos en una mano y un gran abanico en la otra.

—Por favor, señor Conejo, ayúdeme… —le pidió Alicia.

El conejo, al oírla, se asustó. Dejó caer sus guantes y su abanico y continuó corriendo.

Alicia cogió el abanico y, como hacía mucho calor, empezó a abanicarse. Entonces descubrió que aquel abanico era mágico. De nuevo comenzó a encoger y descubrió que nadaba en un gran charco de lágrimas. Junto a ella había un ratón, un loro, un pato y otros curiosos animales que ayudaron a la niña a salir del agua.

Alicia por fin pudo atravesar la puerta de aquel precioso jardín que había visto y descubrió algo que la dejó maravillada. Allí, en medio del jardín, estaba la casa del Conejo Blanco.

Lewis Carroll

La lectura todo lo cura

Aquí tienes una fórmula para aprender a hacer magia.

1 Completa esta canción de suertes escribiendo cada palabra donde corresponda.

bonito	fuera	colorito	acera

Pito, pito, ______________.
¿Adónde vas
tú tan ______________?
A la ______________ verdadera,
pin, pan, ______.

2 Los juegos de mesa son muy divertidos. Para poder jugar bien, es muy importante comprender sus reglas. Fíjate en este tablero; luego, inventa y escribe lo que debe hacer un jugador cuando cae en las casillas 2 y 10.

____
____
____
____
____
____

3 Elige uno de estos objetos para jugar con dos amigos o amigas. Explica cómo podéis jugar con él.

4 Entre estos objetos hay tres que no pertenecen a la aventura de **Alicia y el Conejo Blanco.** Di cuáles son y a qué cuento puede pertenecer cada uno.

12 Una extraterrestre como los demás

Al desayunar, poemas y canciones especiales de viajes espaciales.
Después de comer, teatro: ¡una escuela de marcianos!
Y, antes de dormir, un cuento: ¿qué pasaría si el planeta Tierra un día decidiera estarse quieto?
receta

El astronauta

Cuento en la escuela:
«Uno, dos, tres…».
Pero mi padre,
que es astronauta,
cuenta al revés:
«Tres, dos, una…».
¡Vuela el cohete
hacia la luna!

Emilio Teixidor

Sueño de luna

Duerme el niño en su cuna
sueños de estrella,
se ha prendido en su sueño
la luna llena.

Dulce y lejana,
de luz viste en la noche
la luna blanca.

Juega el niño en el río,
y el agua clara
va bordando sonrisas
en su mirada.

Luna en el agua.
El niño está durmiendo
cuando la abraza.

Carmen Martín Anguita

El niño robot

El niño robot
le dijo a la abuela
que le diera cuerda
para ir a la escuela.
La abuela le dijo
que estuviera quieto.
La cuerda le hacía
cosquillas al nieto.

La abuela robot,
antes que se fuera,
le puso aceitito
con una aceitera,
le besó la frente
de acero **pulido**
y peinó sus rizos
de alambre torcido.

Gilda y Valentín RINCÓN

pulido: liso, brillante.

¿Dónde estás, E. T.?

Hoy he vuelto
a soñar contigo.
Volábamos juntos
con nuestros amigos
y de pronto no te vi.
¿Dónde te has marchado, E. T.?

Voy corriendo
a hacer la maleta.
Con mi bicicleta
iré hasta tu planeta.
Cierro mis ojos y shhhhhhhh…
Junto a ti me encontraré.
¿Dónde estás, E. T.?
¿Dónde te has metido?
Quiero ser tu amigo.
¿Dónde estás, E. T.?

ENRIQUE y ANA

E. T.: extraterrestre protagonista
de una famosa película de 1982.

Una gran amistad

(Sobre el escenario, sentados, hay un grupo de tres niños y tres niñas que atienden a las explicaciones de un profesor y de una profesora. Cada uno de los alumnos lleva un número grande, del uno al tres. Todos son marcianos. Su físico es muy parecido al de los terrícolas. En una pantalla electrónica se puede leer: «La Tierra y Marte, 500 años de amistad».)

PROFESORA.—Queridos niños, hoy es un día muy importante para nosotros. Hoy hace 500 años que comenzó nuestra amistad con los habitantes del planeta Tierra. Muchos de vosotros tenéis familiares terrícolas, otros procedéis de allí. Por eso queremos contaros esta bonita historia. Escuchad.

PROFESOR.—Hace muchísimos años, los terrícolas no creían que hubiese vida en nuestro planeta. Nosotros tampoco conocíamos su existencia.

PROFESORA.—Pero sí solíamos aparecer en sus cuentos. Y en ellos éramos de color verde.

NIÑO 1.—¡Como las plantas!

PROFESOR.—Sí, como las plantas.

NIÑA 1.—Es que el verde es su color preferido.

NIÑO 2.—No, su color preferido es el azul. La Tierra es el planeta azul.

PROFESORA.—Bueno, no discutáis. Es verdad que a los terrícolas les gustan mucho el azul y el verde. Quizá por eso, en sus fantasías, imaginaban que éramos de color verde, hasta que nos descubrió Lucy Moon, la primera terrícola que llegó a Marte.

PROFESOR.—Lucy era escritora. Escribía poesías que hablaban del Sol, la Luna y de otros **astros**. También era inventora, y un día construyó un cohete supersónico con el que pretendía llegar a Venus.

PROFESORA.—Pero se equivocó de dirección y llegó a Marte.

PROFESOR.—¿Y sabéis qué fue lo que más le sorprendió de nosotros?

TODOS LOS NIÑOS Y NIÑAS.— ¡Que no éramos de color verde!

PROFESORA.—Que no éramos de color verde… y que los marcianos y los terrícolas nos parecíamos mucho. También se quedó impresionada por la altura de nuestros volcanes y el color rojo de nuestras rocas.

astros: los planetas, la Luna y el Sol.

PROFESOR.—Desde ese día, entre terrícolas y marcianos nació una gran amistad. Y para recordar el encuentro, nuestros amigos han organizado una fiesta y nos invitan a participar en ella. La semana que viene iremos de excursión a la Tierra.

NIÑA 2.—¿Y podemos llevar los bañadores?

PROFESORA.—Sí, por supuesto. Los mares de la Tierra son los mejores de todo el universo.

TODOS LOS NIÑOS Y NIÑAS.—¡Bien!

PROFESOR.—Vuestra profesora y yo hemos pensado que, entre todos, podíamos preparar una obra de teatro. ¿Qué os parece?

NIÑA 3.—¡Estupendo!

NIÑO 3.—Puede ser una obra que hable de un marciano que se enamora de una terrícola...

NIÑA 3.—O de un largo viaje en el que los marcianos y los terrícolas descubrimos una nueva **galaxia**...

PROFESORA.—Ya veo que tenéis muchas ideas. No hay tiempo que perder. ¡Comencemos a escribir esa obra de teatro!

galaxia: agrupación de estrellas.

(La escena se oscurece. Suena una música suave. Cae el telón.)

Sagrario PINTO

Cuando la Tierra se olvidó de girar

Hace muchísimos años, incluso antes de que pudiésemos saborear el turrón de chocolate, ocurrió algo muy extraño: la Tierra se olvidó de girar y de caminar por el espacio. ¡Había perdido la memoria! En lugar de dar vueltas sobre sí misma y danzar alrededor del sol como había hecho siempre, se quedó inmóvil mirándolo como una tonta.

Si por aquel entonces hubiera tenido una Madre Tierra, esta se habría enojado y le habría dicho:

—¿Qué haces pasmada mirando al sol? No debes detenerte. ¡Muévete o te hará mucho daño!

Pero la Tierra no tenía quién la sacase de su desafortunado despiste. En realidad, nadie se preocupaba por su suerte.

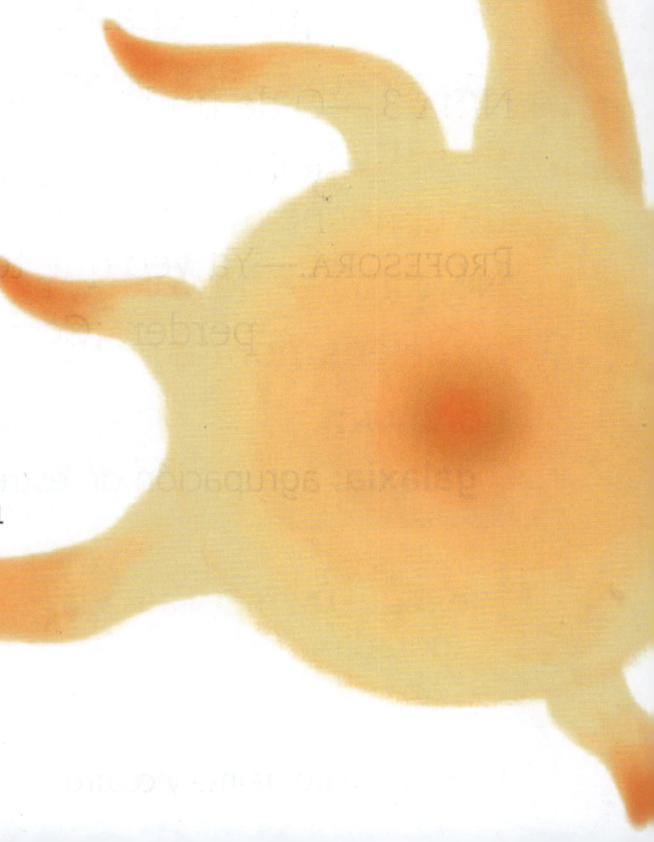

Eso provocó unos problemas tremendos. En una mitad del planeta se había instalado el día, mientras que en la otra mitad la noche no quería despedirse.

—¡Qué raro! ¡Jamás se hace de noche! —suspiraron las personas del lado en el que siempre lucía el sol.

—¿Qué ocurre, que nunca amanece? —se preguntaban las personas del lado oscuro.

Donde el día no se iba, la gente trabajaba y trabajaba esperando la llegada de la noche.

—Pero… ¿cuándo nos toca dormir? Yo ya no puedo más —dijo **exhausta** una señora.

—¡Qué bien! —exclamó el dueño de su empresa—. Ahora trabajarás muchas más horas. En el contrato que has firmado dice «de sol a sol», y todavía no ha anochecido.

Aquellas pobres gentes solo se quedaban dormidas después de que, agotadas, cayesen rendidas en cualquier esquina.
Su sueño era entonces tan profundo que podía durar semanas enteras.

Las lechuzas, los búhos, los ratones de campo y todos los animales de la noche dormían y dormían.
No comían, no volaban,
no se enamoraban…,
no vivían.

exhausta: muy cansada, agotada.

En los huertos, las plantas podían fabricar su propio alimento las veinticuatro horas del día gracias a la luz solar y no dejaban de comer. Crecían y crecían sin parar. Llegaron a alcanzar tamaños tan enormes que los campesinos, en lugar de cultivar, decidieron «descultivar». Se pasaban el día arrancando las raíces de las plantas que brotaban cerca de sus viviendas, pues hacían peligrar las paredes de sus casas.

Mientras tanto, en el lado oscuro de la Tierra, la situación era opuesta, aunque igualmente problemática.

—¡Esto es la ruina! Hemos de tener la calefacción y las luces encendidas a diario. ¡Adónde vamos a ir a parar!

Sin duda, la Tierra había perdido la memoria. Continuaba inmóvil como una estatua de bronce, y este grave olvido fue cambiando poco a poco la vida de sus habitantes.

Fina Casalderrey

La lectura todo lo cura

1 Tal vez los extraterrestres, en el fondo, no sean muy diferentes a nosotros. Lo mismo ocurre con las palabras: algunas tienen un significado muy parecido al de otras. Escribe un poema nuevo cambiando las palabras destacadas por los sinónimos de los recuadros.

contento · esconde · acabado · reposar

El Sol, **alegre** y feliz, ____________

ha **cumplido** su trabajo. ____________

Y se **oculta** entre las nubes ____________

para **descansar** un rato. ____________

2 Antiguamente no existían los potentes telescopios que tenemos ahora y solo se podían ver con detalle siete astros en el cielo. Escribe, junto a cada astro, el nombre del día con el que se le relacionaba.

- Mercurio • ____________
- Venus • ____________
- Marte • ____________
- Júpiter • ____________
- Sol • ____________
- Saturno • ____________
- Luna • ____________
- domingo

3 **Lucy Moon se equivocó de ruta, y en vez de llegar a Venus descubrió Marte. Lee las pistas, colorea el camino que lleva a cada planeta y escribe su nombre.**

- Por el camino que conduce a Saturno no vas a encontrar ningún telescopio espacial.
- En el camino que lleva a Urano hay más de un astronauta y menos de dos cohetes.
- Por el camino que conduce a Júpiter encontrarás un platillo volante y un astronauta.

4 **La Tierra, nuestro planeta, está en continuo movimiento. Cuando gira alrededor de sí misma, da lugar al día y la noche. Dibuja una acción que realizas durante el día y otra que hagas de noche.**

De día ______________.

De noche ______________.

La doctora Leo tiene el remedio

¡La lectura
todo lo cura!
RECETA
RECETA
RECETA
receta
receta

Bibliografía

Todos los textos de Sagrario Pinto que aparecen en esta obra y no se citan a continuación son inéditos para esta Antología.

Alonso, A.: «Mapas piratas» (fragmento), en *Versos piratas, piratas en verso,* Anaya, Madrid, 2009.

Antón, R. y Núñez, L.: *La llamada del agua* (fragmentos), Edelvives, Zaragoza, 2010.

Babarro, X.: *Diseñadora de hora en hora,* Edelvives, Zaragoza, 2004.

Berdiales, G.: «Ronda del zapatero», en *Las fiestas de mi escuelita,* Biblioteca del Docente GCBA, Buenos Aires, 1959.

Calles Vales, J. (recop.): *Adivinanzas y trabalenguas*, Edelvives, Zaragoza, 2002.

Carroll, L.: *Alicia en el País de las Maravillas* (adaptación de Sagrario Pinto), s. n., s. l., s. a.

Casalderrey, F.: *Cuando la Tierra se olvidó de girar* (fragmentos), SM, Madrid, 2003.

Cervantes, M. de: *Don Quijote de la Mancha* (adaptación de Sagrario Pinto), s. n., s. l., s. a.

Dédalo e Ícaro (adaptación de Sagrario Pinto), s. n., s. l., s. a.

Defoe, D.: *Robinson Crusoe* (adaptación de Sagrario Pinto), s. n., s. l., s. a.

El anillo de las hadas (adaptación de Sagrario Pinto), s. n., s. l., s. a.

El murciélago (adaptación de Sagrario Pinto), s. n., s. l., s. a.

Enrique y Ana: *¿Dónde estás, E. T.?,* s. n., s. l., s. a.

Esteban, A.: *Háblame del sol* (fragmentos), Bruño, Madrid, 2009.

Figuera Aymerich, A.: «El pirata Piratón», en *Cuentos tontos para niños listos,* Hiperión, Madrid, 2000.

Figuerola, M. y Alonso, J. R.: «Esta es la llave de Roma», en *Jugar con palabras,* Espasa-Calpe, Madrid, 2008.

García Lorca, F.: «El lagarto está llorando», en *Huerto del limonar. Poetas del 27* (recop. Ana Pelegrín), Edelvives, Zaragoza, 2010.

Gómez Cerdá, A.: *El cartero que se convirtió en carta* (fragmentos), Edelvives, Zaragoza, 2009.

GRIMM, Hermanos: *Hänsel y Gretel* (versión de Sagrario Pinto), s. n., s. l., s. a.

JIMÉNEZ, F.: «La tortuga Pocaprisa», en *Si ves un monte de espuma y otros poemas. Antología de poesía infantil hispanoamericana* (recop. Ana Garralón), Anaya, Madrid, 2000.

KIPLING, R.: *El libro de las tierras vírgenes* (versión teatral de Sagrario Pinto), s. n., s. l., s. a.

LOS ojos del dragón (adaptación de Sagrario Pinto), s. n., s. l., s. a.

MALPARTIDA, J.: *Margarita y Al Broli el Memorioso* (fragmentos), Mondadori, Barcelona, 1988.

MARTÍN ANGUITA, C.: «Sueño de luna», en *Poemas de lunas y colores,* Pearson Alhambra, Madrid, 2008.

MELÉNDEZ, M. (recop.): «TUTURUBECA», en *Canciones infantiles*, Edelvives, Zaragoza, 2002.

—: «Una, dola», obra citada.

NERVO, A.: «Buen viaje», en *Si ves un monte de espuma y otros poemas. Antología de poesía infantil hispanoamericana* (recop. Ana Garralón), Anaya, Madrid, 2000.

PINTO, S.: *Princesa va al teatro,* Everest, León, 2005.

PUNCEL, M.: *Un duende a rayas,* SM, Madrid, 1997.

REVIEJO, C.: «Cada oveja con su pareja», en *Los poemas de Pillo,* SM, Madrid, 2004.

RINCÓN, G. y V.: *El niño robot,* s. n., s. l., s. a.

ROMERO YEBRA, A. M.: «El elefante», en *Hormiguita negra,* Edelvives, Zaragoza, 2010.

—: «Los cuentos», *El giro de la peonza,* Cuadernos & Caridemo, Almería, 2003.

RUBIO, A.: *El archipiélago de la cabra,* Anaya, 2009.

—: «Las hojas de otros libros», en *Versos vegetales* (fragmentos), Anaya, Madrid, 2009.

SAMANIEGO F. M. de: *El león y el ratón* (adaptación de Sagrario Pinto), s. n., s. l., s. a.

TEIXIDOR, E.: «El astronauta», en *El bosque de las historias,* Edelvives, Zaragoza, 2007.

UN perro condecorado por su valentía [EN LÍNEA], www.telemadrid.es/actualidad/noticia.do?codigo=237877 (adaptación de Sagrario Pinto), s. n., s. l., s. a.

PixéPolis

Proyecto editorial y dirección de contenidos Departamento de ediciones GELV
Edición Área de publicaciones de primaria Edelvives
Corrección Daniel Díez Carpintero
Proyecto visual y dirección de arte Departamento de imagen y diseño GELV
Diseño gráfico del proyecto Haydée Méndez
Diseño gráfico de cubiertas Departamento de imagen y diseño GELV
Ilustración de cubierta Zuriñe Aguirre
Ilustración de interiores Zuriñe Aguirre y Teresa Martí
Coordinación de producción y maquetación I+D de soportes editoriales GELV
Impresión Edelvives Talleres Gráficos. Certificado ISO 9001
Impreso en Zaragoza, España

ISBN: 978-84-263-7977-1
Depósito legal: Z-2707-2011